有實力，還要展現

性格魅力

習慣制約 × 悲觀主義 × 神經焦慮 × 消極態度，擺脫有害性格，樹立有利人格！

主編——
韓立儀，羅哈德

每一條染色體中有數百個基因，
任何單一基因都足以改變一個人的一生。
所以，請記得，你在這世上是獨一無二的，
以前沒有像你一樣的人，以後也絕不會有。

你就是一個嶄新的自我，為此而高興吧！

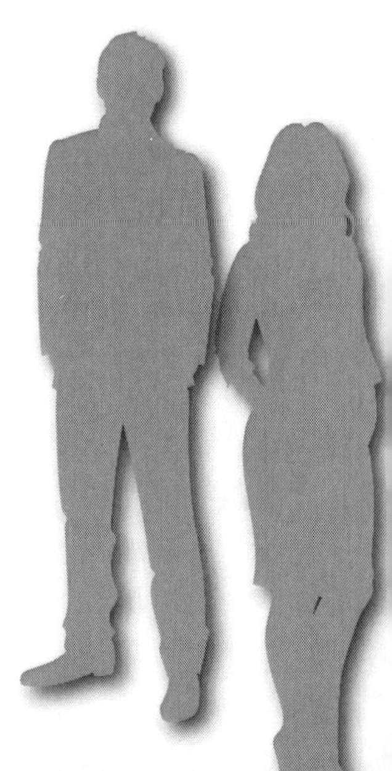

人有一萬個理由自卑，
也有一萬個理由自信！

目錄

第一章　個性的塑造

目錄

第二章　個性的展示

第三章　個性的控制

目錄

目錄

第一章　個性的塑造

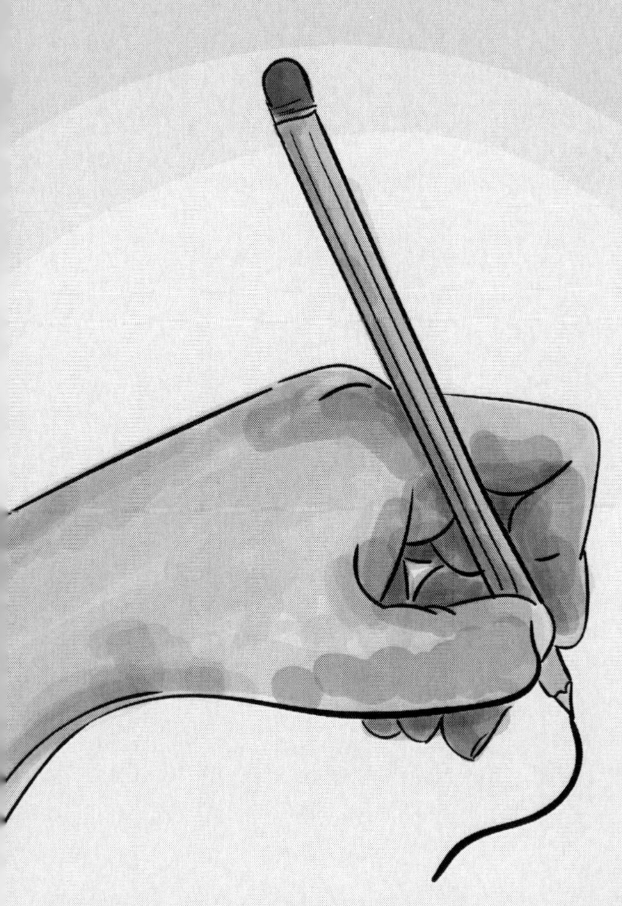

完全掌控自己的情緒

「人之所以高貴只在於人能思考，人的職責就是要學會正確思考和運用它。」帕斯卡（Blaise Pascal）的這句話是發人深省的。我們說的每一句話，做的每一件事，都是我們思想的外在表現。如果我們學會了正確思考，我們的生命就會像上帝的旨意那樣高貴、幸福和美好，否則，等待我們的將是庸俗、痛苦和失敗。

達到完滿的人生首先要有一個健康的身體，它包括充沛的精力、充足的元氣和永久的活力，只有這樣，人生才會快樂。然而，健康的身體又要依賴於正確的思想。思想支配著我們身體的每一項機能、每一個器官和每一個細胞。思想塑造了我們的身體，增加或削弱了身體的力量和活力，這是一條公認的法則。

慈愛、善良、純樸、無私、滿足、恬靜、歡快等等這些好的精神品格都得於心而形於外，能夠使人體的各種機能和諧運轉，給你一個健康的體魄。

卡萊爾（Thomas Carlyle）說：「從人們的神情和目光中，我看到了一種境界，一種灑脫的境界。」這種境界就是正確的心態、健康的身體和幸福的生活。然而，要保持這種境界，克服錯誤的思想，並非易事。怨天憂人、心胸狹隘、憂心忡忡，這些壞思想、壞習慣就像惡魔一樣把我們拉向深淵。只有透過堅韌不拔的意志力和高度的警覺性才能把這些惡魔從思想當中趕出去。

保持錯誤思想的人是脆弱無力的，只有正確的思想才是健全的。擁有健全思想的人是幸福和成功的。他不會因為錯誤的思想而使自己陷於險境，自我消亡。

世界上恐怕沒有誰不知道錯誤思想的惡果。讓我們來看看它平時是怎樣破壞我們的智力和體力，醫生認為，脾氣暴躁是血液中的毒素。恐懼、憂愁和擔心這些負面思想會嚴重損壞身體的各種正常機能，杞人憂天則易造成身體機能的癱瘓。

另外，生理上的某些疾病也是因不良思想和情緒引起的。如肝病和消化不良可能因自私和嫉妒引起。而最具破壞力的還是恐懼，它會在人的臉上刻下深刻的皺紋；它會使人心情憂鬱，影響消化和吸收，引發多種疾病，甚至導致精神失常。

無論在思想上犯的錯誤有多麼微小，都會在人的身體和精神上留下傷痕。它不僅影響一個人的精神，也影響一個人的體質。每一次怒髮衝冠時，每一次做了違背良心的事情時，你就會失掉一些元氣，一點尊嚴，失去完善自己個性的動力。在你幡然悔悟和痛心疾首時，就更加削弱了你的力量。

商人也許都有這樣的體會，當生意上出麻煩時，如果你氣急敗壞，不能自控，那麼

不但會損害自己的健康，無助於解決生意上的問題，反而會使自己變得更令人討厭，破壞獲取成功的條件。

要取得成功，就必須保持飽滿的精神狀態。要取得更大的成功，就必須正確的思考。錯誤的思想不僅會毀掉現有的成績，還會給自己未來的生活蒙上黑幕。

商業界裡由於沒有學會自我控制而導致公司破產的例子也不少。小張剛創業時，因為一些小事他變得悶悶不樂，之後，他開始不安、焦慮，對每個員工都吹毛求疵。漸漸的，他對這種吹毛求疵習以為常，並且有加重的傾向，似乎沒有人能讓他滿意。於是，老職員對他失去信心離開了他，客戶們也開始疏遠他，債權人在他的信譽上打上了問號。這樣一來，他的事業陷入了低谷，不久便垮臺了。

我們能夠駕馭情緒，我們能夠做自己想做的事。透過正向的創造性思維，我們可以獲得偉大的成功。我們能夠為成功創造條件，而不是破壞成功的條件。

帕斯卡說：「人類有時候就像個不懂事的小孩子，你說他是一個傻瓜，他就相信了，你說他是什麼樣的，他就覺得自己是什麼樣的。」同樣的道理，很多人都是想著自己的缺點，這樣只會使缺點更加嚴重。他在潛意識裡重複想著這些東西，這些缺點便根深蒂固起來。如果我們希望自己成為一個英雄，卻總是認為自己什麼都做不成，那還拿什麼去成為英雄呢？擺脫這種惡性循環的唯一辦法就是要有一個健康的心態，要看到事物的美好、希望和愛。

當我們被錯誤思想毒害的時候，就必須用正確的思想來挽救。發生火災時，我們絕不可以火上澆油，應該立刻使用水或滅火器撲滅火焰。當一個人感到怒不可遏，心裡有滿腔仇恨的時候，我們要做的就是使他平靜下來，消除仇恨，使他心中充滿寬容和愛。如果你憂心忡忡，心緒煩亂，感到失望；如果你總是為一些小事而悶悶不樂；如果你有其他損害自己健康和進步的缺點，那麼就要學會反向思維，並堅持不懈，直到克服這些缺點。

要相信想像的力量是巨大的，它可以改變憂鬱的情緒和體驗。如果你正被負面情緒所困繞，你不妨對自己說：我所擔心的這些事情都不是真實的，其實我應該是更快樂的，我來到這個世界上的目的就是享受美好的生活。然後，你可以回憶一下以往幸福溫馨的日子，快樂的事，再看一看自然界中美好的事物，欣賞一下優秀的藝術作品，讀一篇令你興奮、嚮往的文章，再想一想你曾取得的輝煌成績，撫平你受到挫折的心靈。讓希望來陪伴你，想像一個光輝的未來，讓快樂和幸福環繞著你，僅僅幾分鐘時間，你就會驚喜的發現，那些久久困擾著你的憂鬱和黑暗，都被拋到了九霄雲外，現在占據你心靈的只有快樂、輕鬆和實現希望的信心。

大喜和大悲都有損健全的理智，一定要控制我們的情緒，讓理智操控情感，就像將軍統領軍隊一樣，否則我們永遠別想成功。要麼做感情的主人，要麼做感情的奴隸。讓自己情緒的好壞來決定自己生活快不快樂的人是不自由的，只有能夠主宰自己情緒的人才是真正自由和快樂的。

如果一個人每天要靠心情的好壞來決定是否努力工作；如果他只能根據情緒的好壞去決定是否要幫助別人；如果他總是對自己說：「若今天我感覺還算可以，那麼我就能夠精神飽滿的工作一天；如果沒有不幸的事情找上門來，打破了我平靜的心情，希望我可以控制自己的情緒。」那麼這個人就是感情的奴隸，他不會取得成功，也不會獲得幸福。

相反，如果一個人早上一睜開眼就覺得信心百倍，相信自己今天一定會比昨天做得更好、更出色，那麼他看上去一定精神振奮、活力四射！如果一個人每天都能充分發揮自己的潛能，沒有憂愁、恐懼與焦慮，直到成功，那麼他該是多麼優秀啊！他堅信自己可以支配自己，任何壞的情緒都不能阻止他前進的步伐，那麼他就是自己命運的真正主宰者。

在複雜多變、緊張繁忙的現代生活中，在人人都在為生存而勾心鬥角、激烈奮鬥的時候，我們仍可以看到一些安定的身影，他們像日月運行那樣有條不紊的邁向自己的目標。他們給我們帶來的是力量、平靜和自信。他們知道如何正確的思考，他們掌握了成功生活的祕密。

這種非凡的自我控制能力使一個人最大程度的發揮了他的力量，這也是文明對人的最大作用。自我控制是取得成功的先決條件，而這個條件每個人都可以具備。

我們千萬不可以把自我毀滅的思想、情緒請進我們的心靈，哪怕是一秒鐘也不行。無論在何種情況下，任何時候，我們都不應該焦慮、害怕、擔憂和嫉妒。總有一天，聰明的人們會擺脫種種不良情緒的困擾，不再自我毀滅。

由於不能控制自己的情緒，千千萬萬的人平庸無為。如果他們能夠做情緒的主人，相信他們也一定可以完成只有偉人才能完成的工作。

自制是儲蓄力量的絕佳方式

自制是一種強大的力量，是人內心儲蓄力量的絕佳方式。自制不僅能使人充滿自信，還能夠贏得他人的信任，因此，能夠自制的人，也能夠影響他人。在商人間，信用源於自制。那些能夠控制自己的人當然會成為銀行的合作夥伴，因為擁有自制能力的人

更值得信任。在商海中經歷滄桑的商人們相信，一個無法控制自己的人既料理不好自己的事務，更處理不好他人的事務。一個年輕人可能在逆境中獲得成功，可能在缺乏教育的情況下獲得成功，也可能在失去健康的條件下獲得成功，但是他絕對無法在沒有自制能力的情況下獲得成功。因為那種與眾不同的自制能力能夠激發他的潛能，讓他度過艱難的歲月，擺脫困苦的境地。

關於伯里克里斯（Pericles），希臘著名的歷史學家普魯塔克（Plutarchus）評價道：「我覺得他就是我所崇尚的神聖的『奧林匹克山神』，他的性格如此冷靜，處於權力和職位的顛峰時生活依然純潔而毫無瑕疵。」「當伯里克里斯從容的走上講壇去演講時，他首先向神祈禱，希望神能夠護佑他，使他不會在無意中出現口誤。曾經有個人整個下午都跟在伯里克里斯後面，而且還不厭其煩的辱罵他，甚至到了晚上還站在他家的門口罵個不停，但是伯里克里斯卻不動聲色，還吩咐他的僕人提一盞明亮的燈，為這個辱罵他的人照亮回家的路。」

費邊．馬克西姆斯（Fabius Maximus）是偉大的漢尼拔（Hannibal Barca）的敵人。在戰爭中，有一個非常有名的詞語「費邊主義」的來源就是與他有關。「費邊主義」意指一種「精巧的以靜制動」，它在關鍵時刻拯救了羅馬。費邊．馬克西姆斯是一位偉大的

自制是儲蓄力量的絕佳方式

將軍，他作為大使被派到迦太基。在一次形勢不利於他的會議之後，他站起來對那些迦太基的貴族們說：「先生們，現在我們給你們帶來的可能是戰爭，也可能是和平，至於選擇哪一個，決定權就握在你們自己的手中。」結果，那些人都說他可以決定選擇任何一種方式，於是他憤怒的大聲說：「我的選擇就是戰爭！」

經過這次會議後，漢尼拔這位迦太基的領袖很快就征服了西班牙，而且還翻過了阿爾卑斯山長驅直入，侵略了義大利，此時，人們都說費邊無能。但是這正是需要一個人自制的時刻，費邊立即決定採取「拖延」的策略，絕不輕易出征，而這一舉動又為他帶來了「拖延者」的惡名。當時，義大利最富有的南部地區因為戰爭而荒蕪，但是他不會被挑釁激怒而魯莽行動。隨後，他又策略的前進或者撤退，運用一系列技巧性的轉移與敵人周旋，他的這一舉動令他的對手怒火中燒，因為他們根本無法將費邊的軍隊吸引到易於攻擊的戰場上來，而漢尼拔的軍隊的每一個小錯誤或疏忽都會給費邊帶來可乘之機。

費邊的軍隊在山間迂迴移動，而漢尼拔軍隊的戰馬卻在山間寸步難行，起不了什麼作用，而且就在此時，費邊的軍隊果斷的切斷了敵人的供給。除了正面交鋒以外，他採用一切有利的手段來不停的搔擾對手。費邊不改初衷的執行著自己的計劃，他並沒有

考慮他的謹慎小心會在羅馬造成怎樣的誤解，這一舉動充分體現了他與眾不同的自制能力。而羅馬人對費邊的誤解卻越來越深，有人甚至懷疑費邊是借此來故意延長自己司令官的任期。在當時，漢尼拔是義大利極少數了解費邊的人。羅馬人習慣於進攻，而費邊的用兵之道卻與此相反，這一點對於羅馬人來說是完全陌生的，因此，對費邊的策略心懷不滿的羅馬人越來越多。一次，米努基烏斯（Minucius）帶領羅馬軍隊取得了一個小小的勝利，於是費邊就分給他一半的軍隊。由於米努基烏斯過分自信，而導致輕敵，結果幾乎全軍覆沒，最後還是費邊的軍隊增援了他，使他走出了困境。六個月後，費邊的任期到了，他在卸任時一再叮囑新的司令官不要主動進攻，但是人們卻毫不在意費邊的忠告，結果在革羅尼烏姆一役中，羅馬軍隊損失慘重，被打得潰不成軍，元老院的議員被殺死了八十幾名，而羅馬士兵也死傷無數，此時的羅馬軍隊失去了往日的輝煌，軍心動搖，元氣大傷。實踐證明，費邊的自制策略是正確的，但是此刻費邊並沒有嘲笑自己的競爭者。此後，費邊又恢復原職，繼續隨米努基烏斯指揮羅馬軍隊，他們二人又被人們稱為「共和國的盾和劍」。正是費邊主義在關鍵的時刻拯救了偉大的羅馬。

赫胥黎（Huxley）曾經這樣寫道：「一個人在年輕的時候接受過很好的訓練，而且有堅定的毅力，應對意志力的要求，他的身體非常願意竭盡所能去完成任何工作。他有聰慧的頭腦、清晰的邏輯，而且身體的所有機能和力量就如同機車一樣，能夠根據精神的命令時刻準備接受任何工作，這樣的人才是我們的社會所需要的。」

控制、注意自己的壞脾氣

優秀的素養來源於自身，也依賴培養和制約。著名傳教士李文斯頓（David Livingstone）的母親和詩人拜倫（Byron）的母親本身都擁有優雅的性情，但一位憑藉著良好的自制力，一生都保持了溫和的性格；而另一位則無法抑制火爆脾氣，使得自己在吵鬧中度過了一生。

脾氣的好與壞不是與生俱來的。沒有人天生好脾氣，不需要任何的控制和注意；也沒有天生的壞脾氣，即使經過專門調教也不能好轉，溫和待人。

有一天，威靈頓公爵（Duke of Wellington）正在書房寫信，一個急脾氣的殺手闖進來，用槍對準他說：「聽著，有人拿錢雇我來刺殺你。」公爵放下筆，看著殺手說：「這不可能，這太可笑了。」

「千真萬確，我從不撒謊。」殺手肯定的說。

「他們一定要你在今天殺掉我嗎？」

「那倒沒說，但是我拿了錢，必須得完成任務。」

「既然是這樣，那你就先回去吧，今天我還有很多信要寫，沒有時間陪你，你留下電話，等我空閒時會聯絡你的。」說完，公爵拿起筆開始繼續寫信。殺手站在那裡，一時間不知所措，他完全被公爵的沉著鎮定震驚了，身體裡沸騰的血液冷卻下來，最後，他緩步走出書房，再也沒有回來。

蘇格拉底（Socrates）總是在發火前及時壓低嗓音，以消減高漲的火氣。如果你發現自己處於一觸即發狀態，千萬要捂住嘴巴，以免讓憤怒升級。世界上每天都有人因過分憤怒而死去或引發某種疾病。

喬治．赫伯特（George Herbert）說：「要以清醒的狀態面對辯論，激動會擾亂你的思路，擴大原先小的失誤，讓有禮變成無禮。」

「是什麼讓你不和人爭吵？」一個朋友問道。「沉默，當一個人對我發火的時候，我就閉口不語，讓他一個人吵去。」赫伯特（George Herbert）回答道。

「他征服了敵人也征服了自己。」這是牛津皇家學院一間屋子窗戶上的一句話。話中的「他」指的就是英王亨利五世（Henry V），之所以這樣描述他，是因為他曾於

控制、注意自己的壞脾氣

一四一五年在法國北部的阿金科特村重創數倍於己的法軍，然而，戰勝他自己卻比打贏一次硬仗還要艱難。

為了獲得更多的選票，某政黨年輕的候選人被推薦到一位資深的政界要人那裡以求真經。

但這位政界要人並沒有直接了當將經傳授給這位候選人，只是提出先做一個遊戲，規則是這個年輕人每打斷他一句話，都要付給他五美元「罰金」。

「沒有問題，相信會很有意思。」年輕的候選人爽快的答應了。

「那我們現在就開始？」政客問道。

「好的，開始吧。」

「注意聽，第一句話是，無論別人怎樣攻擊你的名譽或人格，你都不可以發怒，要時刻提醒自己。」

「這一點我能夠做到，不管別人說我什麼，哪怕不堪入耳，我只當沒聽見就是了。」

「嗯，很好，這是一條很重要的經驗，也是最基本的。可是，說實話，讓你這樣一個地痞無賴當選，是有違民意的，我……」

「什麼，你說我是……」

「對不起，我的話還沒說完，請付五美元罰金。」

「對呀，我給忘了，下次不會了，您接著說。」

「我曾經做過調查，你的名聲的確很差……」

「這怎麼可能，您一定搞錯了。」

「又一個五美元。」

「對，對，」年輕人情緒有些激動，「可你怎麼能靠惡意傷人來賺錢呢。」

「不管怎樣，都是你違規了，現在你必須先拿給我十美元，才能繼續，因為我聽說你有失信和賴帳的習慣，而且……」

「我要去告你！」

「第三個五美元。」

「哦，我怎麼……哎，看來我需要換一種思維方式。」

「很好，我對前面的話予以收回，那都不是事實，我覺得你身上有著優良的品格和極高的覺悟，即使你出身卑微，又有那樣一個劣跡斑斑的父親……」

「你父親才劣跡斑斑！」

「一共二十美元。」

控制、注意自己的壞脾氣

這個遊戲就是政客給年輕的候選人上的第一節課——懂得自我克制。「記住了，你每一次激動和反駁，都會使你至少失去一張選票，而這張選票的價值卻遠不止五美元啊！」那個政界要人最後說。

應當從小就教育孩子們養成平和、冷靜的心態，不急不躁的性格，樂觀看待自己的一切，使自己的身體始終處於平衡狀態，避免失重。

要讓孩子們懂得，平平淡淡的生活、良好的德行和知足常樂的天性，勝過任何靈丹妙藥。應該讓孩子們知道，有悖德學的意念、有悖佛理的思想以及侵擾精神的任何一種雜質，都會使我們身體裡的天平失衡，都可能導致毒素滋生，削弱我們抗病的能力。

當你避免爭端，平息一場惡意爭吵，會得到自我克制產生的美妙感受，然後你開始意識到自己做得完全正確，你的心情是那麼舒展，你的心靈已得到超越。

反過來，如果你讓事態變得嚴重，給熊熊烈焰澆上了一桶油，那麼你將嚐到自食惡果的滋味。你會為不小心說錯的話感到內疚，有一種深深的羞恥感。精神緊張而易怒是性格上的一種缺陷，它常常是矛盾升級的導火線，常常會破壞一個人的處理原則，從而改變一個人的生存環境。

阿特姆斯．沃德（Artemus Ward）曾說：「如果評選誰是世界上最優秀的人，我一定

投喬治．華盛頓（George Washington）一票。因為他冷靜、熱情、不驕不躁。他從不無故發火，情緒也不會大起大落。而多數知名人士的最大缺點就是愛大喜大悲。他們行事往往沒有目標，失落悲傷時便隨意跳上一匹過路的馬，一點也沒注意到一把刀正插在馬尾上，這匹馬東奔西撞，浮躁不安。完全可以預見，這個人最後肯定會從馬背上摔下來，只是時間早晚的事。當人們蜂擁而至崇拜他時，他立刻趾高氣揚，擺出一副不可一世的樣子，把平易近人、實事求是拋到了九霄雲外。在他的心裡，忘記了一個道理——水能載舟，亦能覆舟。崇拜者一旦發覺自己上當受騙，就會毫不留情的把他扔進水裡，從此他就可能石沉大海，一蹶不振，而華盛頓從沒出現過這種情況，那有悖他做人的準則。」

約翰．亨德森（John Henderson）與一位牛津大學的學生進行辯論，突然，那位大學生氣急敗壞的將一杯葡萄酒潑到了亨德森的臉上，亨得森看了看他，說：「這只是個意外，請繼續辯論。」說完拿起紙巾擦乾了自己的臉。

要具有高度完美的自制能力

間諜是世界上需要高度自制能力的職業之一，哪怕有半點放鬆警惕，都可能命喪黃泉。一個間諜被捕後為了保護自己便裝聾作啞，敵人用盡了各種手段都未能察覺出蛛絲馬跡。最後，敵人把他帶出牢房，對他說：「你自由了，可以走了。」但這個間諜仍表現出一副沒聽懂的樣子，因為他心裡明白，這才是最嚴峻的考驗。敵人最後一個計謀失敗了，這個間諜以完美的自制力挽救了自己的生命。

唐納德．麥克林（Donald Maclean）在蘇格蘭鄉下開了一家雜貨店，店面很小，各種雜貨擺放得不很整齊，窗戶上爬滿了蜘蛛網，顧客也很少，東西自然賣得慢。一次他向倫敦訂了「四十磅」靛青，這足夠他賣上幾年。可萬萬沒有想到，在給倫敦的訂單上，「四十磅」被錯寫成了「四十噸」。一時間，他的店裡店外堆滿了靛青。

整整一個星期了，唐納德四處奔走，尋找靛青的銷路，但是四十噸畢竟不是一個小數字，僅僅靠附近幾個鄉村怎麼可能消化掉。儘管如此，唐納德還是保持了冷靜、平和的心態。

又一個星期過去了，雜貨店裡突然來了一位穿西裝打領帶的推銷員，他一見到唐納德立刻顯出滿臉歉意，說是倫敦的公司知道這是個誤會，特派他來解決此事，公司決定運回多發出的所有靛青，所有的運費也都由公司承擔。唐納德心想：「已經發出的貨怎麼可能輕易收回，這裡面肯定有文章。」於是，他堅持說並沒有弄錯。

推銷員見唐納德有顧慮，便提意去喝點酒，以便順利辦成此事。唐納德很喜愛喝酒，但他控制住了欲望，沒有去。推銷員一計不成，又接連想出了很多辦法，試圖與唐納德談談，但都未達到目的。

推銷員有些心急，脫口說出了真相：「實話告訴你吧，要不是我們得到了一大批靛青訂單，一時缺貨，才不會來這裡找你。當然，我們也不會讓你吃虧的，一千英磅再加上運費，總可以了吧。」

唐納德沒有答應，他想知道對方的底限到底是多少。

「好吧，那就三千英磅加運費。」推銷員又說。

「這個價你只能拉走一半貨。」唐納德說。

推銷員沒能克制住自己，道出了公司最大限額：「你這傢伙真難纏，五千英磅，再多要什麼都沒有了。」唐納德平靜的接受了。

要具有高度完美的自制能力

原來，西印度群島的農作物減產，當地軍隊需要大量的靛青制染軍服。唐納德利用這個機會，以極強的自制力發了一筆大財。

青年時期的林肯性情極為暴躁，一觸即發。一次戰役後，他懂得了自制的益處，變成了一個極富同情心和耐心的人。他對朋友說：「是黑鷹戰役讓我養成了控制發火的好習慣，讓我這一生都受益匪淺。」

出口傷人、說話毫不客氣從未給任何一個人帶來過一點點好處，沒有人會因為它而變得更受歡迎、更快樂、更幸福，它只會使人遠離大眾，讓和善的人厭惡，讓有正義感的人反感。

一位海軍軍官受命去一艘船上擔任船長，上任當天，他站在甲板上，看著對面整齊的軍隊說：「兄弟們，今後我就要與大家同吃共住了，我保證會對你們像親兄弟一樣。另外，我有一件事還要請各位幫忙，你們願意幫助我這個新成員嗎？」「願意，船長。」戰士們異口同聲的說，「您說吧，到底要我們怎麼做？」「不難，很容易，就是你們必須答應，我是這條船上唯一可以開口咒罵、唯一享有訓訴權的人。」船長回答道。

你看見過當眾受辱，卻只是臉色變得有些難看，但馬上又能平靜問答的人嗎？或者，你是否見過每天遭受敵方粗暴的審訊，始終守口如瓶的人嗎？那才是真正的力量，

那些為貞潔控制狂熱感情的人，那些為成就大事壓制內心怒火的人，那些遭到挑釁但仍能保持冷靜並原諒別人的人，才是真正的強者，才是真正超越了自我。

勇於對誘惑說「不」

相傳，在一個被海礁圍繞的小島上住著一個半人半鳥的海妖，她常以動人的歌聲吸引經過的海員而使船隻觸礁沉沒。尤利西斯（Odysseus）駕船經過此島時，事先用蠟封住了船員的耳朵，然後把自己綁在了桅杆上，以避免被女妖動人的歌聲誘惑。可是奧菲斯（Orpheus）為尋找金羊毛經過此島時，卻沒有為女妖的歌聲動心，而是演奏出了非常美妙的音樂，征服了女妖。

抵禦誘惑，僅僅靠躲避用蠟封住耳朵，或把自己綁在桅杆上，是不夠的，還應具備剛毅的精神和崇高的品格，就像奧菲斯那超凡脫俗的音樂一樣。

我們的生命之舟要靠情感之風航行，用理智把舵指航。如果沒有風，船不能前進；如果沒有舵，船將迷失方向。

莎士比亞（William Shakespeare）的作品裡也勾勒了許多由失控情緒造成的軀體和靈

魂毀滅的形象。其中，約翰王追求權利的欲望漸漸泯滅了高貴的品格與道德，變成了殘暴的野獸。李爾王被失控的怒氣所吞噬。馬克白先生和馬克白小姐則受到野心的驅使走上了謀殺的犯罪道路，而後沒有完全喪失的道德與良知又即刻帶來了恐怖的報應。奧賽羅是被嫉妒的怒火燒壞了心靈。還有很多其他人物，他們的經歷強化了這樣一條教訓：那些隨心所欲的人必將遭到道義的懲罰。

「夫人，如果我不與我的那些同事聚餐喝酒，他們就會視我為另類，冷落、譏諷我。因此，有時候我不得不放棄一兩次原則來迎合他們。」伯恩斯（R. Nicholas Burns）在寫給一位女士的信中說。「傻瓜才會放棄最寶貴的品性去迎合那些『臭蟲』的口味。」女士在回信中寫道。

在尼亞加拉大瀑布一英里遠的海面上，一艘從伊利湖開往安大略湖的豪華遊輪突然燃起了大火，遊客和船員們陸續登上救生艇棄船而逃，由於正值夜幕，燃燒的巨輪映紅了天空和海水。

岸邊擠滿了逃脫的遊客和船員，他們摒住呼吸看著輪船緩緩向那巨大的漩渦滑去，靜靜的等待那必然時刻的來臨。輪船已經接近漩渦的邊緣，紅紅的火光和嘶嘶的燃燒聲忽強忽弱，最後，只見船身一震，立刻被巨浪淹沒了。世界上養成了不良習慣的人，

就像那艘燃燒的巨輪一樣，在充滿誘惑的夜晚，漸漸靠近可怕的深淵，他們伸出乞求的手，懇求我們拉他們一把、挽救他們，但我們已經無法拉住他們、挽救他們，除非出現奇蹟。

在生命的長河中，我們曾有多少次看到揚著「對酒當歌，人生幾何」、「一醉方休」、「朋友相逢千杯少」之帆航行的小舟。然而，蹬上這些小舟的代價卻是——一個溫馨的家庭、賢慧的妻子和乖巧的孩子。那些為贏取千分之一勝出機會而沉湎於賭桌旁的人，竟把最可貴的一些東西低價讓出了——高品質生活的可能性、自身的潛能、似錦的前程、卓越的見識、真正的學識和專業培訓、非凡的智力、高超的手藝、豐富的經驗、靈敏機智以及他人關切的目光，這一切都成了不正當生活的犧牲品，而得到的卻只是醉燻燻的感覺、模糊的意識、有毒的血液、多病的身體、代謝的失衡、心臟不規則的跳動，以及最後不得不接受的死亡通知書。

在英國的默西河裡，一個自尋短見的青年被打撈上岸，人們在他的衣袋中發現了一張字條，上面寫道：「別問我為什麼，凶手就是酗酒。」此後的一個多星期裡，有二百多位父母寫信給驗屍官，詢問那個青年的容貌特徵，因為他們的孩子已經好些天沒回家了。有二百多個家庭為青年的輕生行為感到悲痛，二百多對夫婦為他們不在身邊的孩子

勇於對誘惑說「不」

傷心落淚。由於還沒有找到孩子的線索，他們的心又一次被割裂，他們的心都碎了。那個隱藏在酒瓶裡的魔鬼給成千上萬的家庭帶來了痛苦和災難。

一個專門為戒酒人舉辦的聚會上，一位美國人說：「從前，我把手放在額頭上，會感到疼痛難忍；把手放在胃上，也感覺到劇烈的疼痛；把手放進口袋裡，分文沒有。現在，我的頭和胃都很舒服，而且口袋裡還塞滿了錢。酒就是毒藥，我絕不再沾一滴。」「不」字，最容易在孩子們口中說出，最難在成年人口中說出。「不」字意味著高尚的生命和健康的生活。

無論是傳統的哲學，還是現代的智慧，其核心都是：面對誘惑，說出「不」字。

把說「不」的力量賜予最懦弱的人，他也能說得底氣十足。然而，這種力量來自於說話者本身。一個人，不管年齡大小，只要能下定決心，那麼這種決心就會給他自制的行為以力量與支持。如果他缺乏自制，那麼在他生命的路途中、在性格的完善和取得成果的道路上就不可能有實質性的進步。自制是自強的本質，也是性格的靈魂。

成功者的字典裡，自制寫在第一頁的最前面，然後是才能。無論運氣的好壞，無論環境的順逆，他都能很好的控制自己，向預定目標前進。一個人有再高的學識、智慧，若不懂得控制自己，都會受情緒和環境的影響，而無法面對挑戰。

自我克制可以使一個天才成長為一個人才；而自我放縱卻足以使一個天才變為一個庸才。

追求精確是一種美德

一八〇五年，拿破崙（Napoléon Bonaparte）揮師直上多瑙河，撤走了橫陳在英吉利海峽東岸的大軍。儘管他的腦海裡千頭萬緒，日理萬機，但是他沒有僅僅下個命令，讓手下人具體去執行。他對於各個環節的細微之處都一一過問了，甚至連那些下級軍官都認為太瑣碎而不屑考慮的事情，他都考慮過了。在軍號吹響之前，他已經為每一支分隊都計劃好了明確的行軍路線、準確的出發和到達時間。軍隊完全按照他的命令行動，因為他事先已對所有細節充分考慮過了。最後，這次令人矚目的行軍結果決定了歐洲未來十年的局勢，它就是奧斯特里茲大捷。

史蒂芬．吉拉德（Stephen Girard）是美國金融家，他簡直就是精確的化身。凡是他頒布的命令，一律要嚴格執行，不能有絲毫的違背。他認定，要獲得巨大的成功，就要凡事都追求最大的精確。只要他承諾過的事情，他會一絲不苟的嚴格執行，不會有半點鬆懈。人們熟悉他的一句話不是「做得很不錯」，而是「做得沒有任何錯」。他對生意上的每一個細節都要周全考慮，仔細盤算，精益求精，絕不把自己的一切交給命運支配。他像拿破崙一樣具有事無巨細都要追求精確的好習慣。不過，按照那個做商人的弟弟的說法，運氣好是他獲得巨大成功的主要原因。

華特·司各特爵士（Sir Walter Scott, 1st Baronet）是英國著名作家，為了將作品中涉及到的某個古堡寫得逼真形象，他專程到這個已經廢棄的古堡進行實地考察。他帶著筆記本，把古堡附近的每一株、每一朵花的名字都記錄下來，在他看來，一個作者只有做到這些才能夠寫出好的作品來。英國著名歷史學家麥考利（Macaulay）幾乎對作品的每一個句子都要細心推敲，一直到自己滿意、無法再改為止。

對於生活中成千上萬的失敗者，用「粗心」、「懶散」、「草率」這些詞彙來評價他們是再恰當不過了。有許多人就是因為粗心大意而丟了他們的工作。這些人中包括職員、教士、編輯、出納，甚至大學教授。

菲爾茲（William Claude Fields）是美國著名演員，他曾經說：「有些婦女補的衣服總是很容易破，釘的扣子稍一用力就會脫落。但是也有一些婦女，用同樣的針線補的衣服、釘的扣子卻很牢固，不會輕易拉斷。」

約瑟夫·特納（Joseph Turner）在很小的時候就表現出了繪畫天賦，而他的父親卻希望他成為一名理髮師。但是他的父親無法阻止他對藝術的追求，只得勉強同意他以藝術為業。而特納很快就在藝術方面有所成就，而且成了內行人，不過，為了謀生的需求，當時他什麼工作都接，而且大多數是給各種旅行指南和年鑑配插圖。儘管這些工作僅能為他賺得微薄的報酬，但是特納仍然做得很認真。他的付出遠遠高於回報。後來，他的報酬漸漸升高了，也開始接一些等級更高的工作了。因為人們總是願意把工作交給那些更認真、更負責的人，願意把一些更高等級的工作交給他們去做，只要他們力所能及。隨著業務的增多、價格的提升，人們開始注意到特納的作品裡包含著某種更卓越的成分。可以說，直到今天，這些東西也沒有完全被人理解。比起許多舉世公認的風景畫大師，特納對自然風景的研究更勝一籌，也是無人能及的。在繪畫領域，特納的地位正如莎士比亞在文學方面的地位，因為二者都是有史以來最偉大的天才。

大仲馬（Alexandre Dumas）是法國著名作家，他的手稿以乾淨清晰著稱於世。一次，他的一個朋友因為向出版社投稿屢遭拒絕，因此求教於他。於是大仲馬建議他，請一個職業抄寫員把他的稿子乾乾淨淨地抄寫一遍，再把題目做些修改後，再去投稿，這位朋友聽從了他的建議，果然，如此處理過的文稿被以前拒絕過他的一個出版商看中了。從這件小事可以看出，書寫潦草也會埋沒許多好文章。

美國演說家溫德爾．菲利普斯（Wendell Phillips）也是個追求完美的人。對於每一個字、每一個詞、每一句話，他在出口之前都要精心選擇和斟酌，務必要能體現他自己的思想，而且要長短適宜，和諧勻稱。他演說的一大特徵就是追求精確，這使得他成了美國第一位傑出的法庭辯論大師。他的滔滔辯才和對節奏的掌握都是世界上獨一無二的。

精確是一種個性，而個性就意味著力量。因此，我們應該像追求智慧與財富，或者追求其他我們渴望的東西那樣追求精確。要下定決心，養成良好的做事習慣，不拖拖拉拉，不敷衍塞責。每一個成功人士都認認真真、兢兢業業，而馬馬虎虎、敷衍了事的缺點則可以使一個百萬富翁在短時間內傾家蕩產。

機智使你的人生路越走越寬

機智是一項精緻微妙的技能，掌握了它，人甚至能夠隨心所欲的做任何事情，卻不用擔心會因此而得罪或冒犯某些人，還能夠毫無顧慮的暢所欲言而不用刻意的約束自己。但是，同樣的話語，同樣的意圖經由他人之口，卻可能釀成是非麻煩，甚至會掀起軒然大波。

平時，我們會經常見到這樣一些人，儘管他們的本意是友好的，但是無論他們說什麼做什麼，都會不可避免的惹人發怒。這些人的生命旅程中充斥著誤解，原因就在於他們不能夠很好的適應環境，應付千變萬化的生活。他們的前途渺茫，一直在走彎路，一直在黑暗中艱難的摸索前行，他們總是在不經意間冒犯或得罪他人，儘管他們並不想宣揚別人的短處，指戳別人的痛處，但是他們總是在錯誤的時間、錯誤的場合，做著錯誤的事情，他們的生活就像一團亂麻，越拉越緊，越扯越亂，因而永遠無法找到真正的線頭，將糾結的線團拆開。

沒有誰能夠將因缺乏機智而導致的損失計算得清楚明白，那些生活中的彎路和陷阱，那些人生旅途中的艱難困苦、辛酸苦辣，那些跌倒後的辛酸、痛苦和困惑，那些因為人們不知道如何在合適的時間、合適的場合，做合適的事情而導致的致命錯誤和損失是無法計算的。我們經常會看到因缺乏機智而導致橫溢的才華被無謂的浪費或者不能有效的利用，這是多麼令人痛心的事啊！

也許你接受過高深的教育，接受過專業領域的最尖端的訓練，也許你在自己所從事的行業中是個不折不扣的天才，但是，你仍然可能遭受到懷才不遇或難展宏圖的可悲命運。可是，如果你能夠在原有才幹的基礎上填充機智這種技能，並能夠有效的與才幹結合起來，那麼，你會驚奇的發現，你的前途陽光燦爛，你的人際關係，左右逢源，成功就在不遠處向你招手。

一個人如果缺乏機智的有效引導，即使他天資聰慧、才藝過人，也不能真正把握機會，淋漓盡致的施展自己的才華、有效的運用自己的才華。才藝平平、才能平庸的人，卻因機智靈活而成就了宏偉大業，這不能不說機智也是一筆巨大的財富，誰擁有了它，誰就會獲得更多的成功機會。

在現實生活中，我們隨處可見僅僅因為不具備機智而備受挫折的人，他們遭受了友誼、客戶和金錢方面的巨大損失，他們因此付出了非常慘重的代價。因為缺乏機智，商家失去了顧客的支持；律師失去了委託人的信任；醫生失去了在患者心目中的良好形象；牧師喪失了在講壇上的說服力和公眾對他的崇敬；教師失去了在學生中的地位；政治家失去了民眾的信任和支持。

在商業活動中，機智有著舉足輕重的作用。對於一個精通商業的商人來說，機智更是一筆不可小覷的財富。在現實生活中有無數的誘惑在吸引著顧客的注意力，而機智卻能恰到好處的運用這一商機，為商機注入新鮮的活力，給商人帶來豐厚的利潤。

一位著名的商界人士曾把機智列為促進他商業成功的首要因素，而遠大抱負、精湛

的商業技能和商業知識，以及得體的穿著打扮等因素則位列其後，從這裡不難看出機智所起的重要作用是無可替代的。

試想，有多少富庶的儲戶因銀行的出納員或營業員缺乏機智而悻悻離去，另投他門啊！

一個人如果能夠運用機智這種才能取得同事的信任和幫助，並能結交可靠的知己，那麼他一定能夠在自己的業務活動中或職業活動中取得成功。一個真誠的友人會利用所有可能的機會稱讚我們所出版的著作；會不遺餘力的向他人仔細描述我們在最近一次庭審中的精彩辯護或者是我在治療某個病人時的精湛醫術；會在我們的名譽遭到惡意誹謗時仗義執言、拔刀相助，反駁並痛斥那些陰險的奸佞小人。試想，如果我們缺乏機智的話，會交到這樣肝膽相照的知己好友嗎？

一位在美國參議院獲得一席之地的年輕人，其實能力平平，但是他卻能遊刃有餘的運用機智這個成功的重要因素，因此他成功的將夢想變成了現實。

與此相反，現實生活中的許多人卻因在這方面愚鈍笨拙而四處碰壁，屢遭挫折，他們沒有辦法和他人融洽相處，甚至總是在一舉手或一投足間傷害別人、得罪別人，令人勃然大怒。他們根本無法贏得別人的好感，根本無法與別人友好的合作。因此他們不可避免的選擇了獨自奮鬥，不可避免的失去了來自於團體合作的巨大力量。

一位極具才幹，又誠實肯做的青年，由於個性中缺乏機智這種卓越的品格，致使他在事業上的努力幾乎變為徒勞。他似乎永遠沒有與人和平共處的可能，他似乎具備了成為一個成功人士，成為一個領導者的全部品格，但僅僅因為缺乏機智，致使他的生活荊棘遍布、困難重重。他總是在說不該說的話，做不該做的事，並在不經意間傷害他人的感情，這使他在各方面努力得來的成就變得沒有任何價值和意義。機智在他的頭腦中是個空白，所以在紛繁複雜的社會生活中四處碰壁也在情理之中了。

我們曾見過這樣一些人，他們為自己的無拘無束、魯莽直率而得意忘形，他們認為這是個性力量的一種象徵，是率真的一種表現，在他們眼中那些委婉的表達方式和人際交往中常用的外交辭令都是懦弱和虛偽的表現。「有什麼說什麼」、「任何時候都直言不諱」是他們所奉行的成功原則。

雖然，他們在人們眼中是誠實友善的，但是這樣的人也許都難成大事，因為他們缺乏機智，不善於隨機應變，所以大有成功希望的事情也很容易被他們搞得混亂不堪。他們缺乏有效的影響和駕馭他人的能力，所以在紛繁複雜的大千世界中，他們顯得是那樣的格格不入，總是處於非常尷尬的境地。

第一章　個性的塑造

交際是一種藝術，人們都願意受到細緻入微、溫柔體貼的對待，都希望與機智靈活的人交朋友，都希望對方能夠因豐富的社交經驗而善解人意。因此和善機智的人會贏得人們的歡迎，而粗魯放肆是人們不喜歡也不欣賞的一種品格。具有這種品格的人往往說話做事毫無顧忌，不注意說話的方式方法，因此他們很難在社會上交到朋友，也不會在事業或職業上取得成功。很多時候，真相還是不說為妙，因為它會對人的精神和感情造成傷害。

馬克．吐溫（Mark Twain）說：「真相非常重要，所以，我們在對待真相時必須小心謹慎。」

愛迪生（Thomas Alva Edison）曾經說：「如果一個人具備基本的常識，並且在其行為舉止中表現出寬容友善，即使他沒有淵博的學識、超群的才能，跟那些學識淵博卻缺少基本的常識和友善的人相比，他們的身心能夠得到更全面的發展。」關於這個問題，愛迪生還有更精闢的論述，他說：「如果一個人能夠最大限度的利用他所了解的一切事物，而且能夠巧妙的利用許多他所不了解的事物，透過熟練圓滑的技巧，聰明的掩飾他的無知，那麼他會比一個博學的老學究更讓人尊敬。」

在法國大革命的高潮時期，狂熱的市民都蜂擁至巴黎街頭聲援如火如荼的大革命。

這時，有一隊士兵接到命令堵住某一條街道。正當指揮官即將下令擋住激動的人群時，一個年輕的中尉請求發表一個演說。他走到隊伍的最前面，摘下帽子向人們表示敬意，然後說：「女士們，先生們，請你們協助我們工作，立刻撤退，因為我們接到命令要向聚眾鬧事的不法分子開槍阻擊。」他的話剛一出口，人群立即平靜下來，接著又是一陣騷亂，但是幾分鐘後狂熱的人群立刻疏散開了，就這樣，士兵們出色的完成了清場的任務，而且沒有使用一發子彈。

在世界歷史上，借助機智成就的大事數不勝數，在美國的南北戰爭時期，林肯（Abraham Lincoln）就借助自己的機智得以從惡劣的處境中解脫出來。事實上，如果缺乏這一重要因素很可能完全改變美國南北戰爭的結果。

幽默能夠滋養我們的心靈，能夠在運用機智和謀略過程中自始至終發生著作用。有時候，那些靈巧高明的技巧在我們的頭腦中閃現時，我們情不自禁的想笑，因為這些技巧在實際生活中總被證明是正確的。在巧妙的運用謀略時，我們只需展示一種正確的誘導，從而最大限度的吸引和說服那些尚在猶豫不決的人，並不需要使用任何欺騙的手段和方法，應該說，這種運用機智和謀略的藝術就是在恰當的時間內把應該完成的事情處理好的技巧。

當我們具備了足夠的機智，就可以在任何人身上找到突破的地方，從而接近他們，無論他們多麼乖戾，多麼難靠近，正如一位先哲所說的，每一條魚都有能讓牠上鉤的魚餌一樣。

在一所公立學校，一個八歲的愛爾蘭男孩因太調皮而被教師責罵，開始他不承認自己犯了錯，但當教師剛開口說：「傑里，我看到你……」機智聰明的小男孩立即飛快的回答：「是的，先生，我早就告訴過他們沒有什麼東西能夠逃過您的那雙雪亮的眼睛。」

富於機智的人懂得吸引別人並誘導他們展示其最優秀的一面，所以他們能夠很快的交到朋友。

威廉．佩恩（William Penn）是貴格會的信徒，所以他在見任何人時都沒有脫帽致意這一禮節習慣，當他去參見查理二世（Charles II）時仍然堅持了這一原則，但是查理二世並沒有生氣，反而恭敬的脫下自己的帽子。「國王陛下，您還是戴上帽子吧。」威廉．佩恩誠懇的說。「不，佩恩，」國王微笑幽默的回答說，「在這裡，通常只能有一個人戴帽子。」

在大英帝國，愛德華王子（HRH Prince Edward）有非凡的機智和文明高雅的舉止，因此被譽為最受歡迎的人物。

機智使你暢通無阻

拿破崙有時在八點吃早餐，有時候又一直推遲到十一點，早餐時間毫無規律可循，有一件事情讓他感到十分奇怪，無論什麼時候需要早餐，他愛吃的燒雞總能隨時送上。終於有一天，他忍不住將廚師叫到跟前，問他是怎樣做到這一點的。廚師回答：「閣下，因為我每隔十五分鐘就將一隻新鮮的小雞放在火上燒烤。這樣，我就可以隨時準備好您需要的早餐了。」

在美國的南北戰爭時期，一個北方黑人士兵俘虜了一個南方聯邦軍的軍官，軍官為了保持自己的尊嚴，對黑人士兵說：「我絕不向黑人投降。」這時，黑人士兵舉起槍對準他說：「那只好向您說抱歉了。現在我可沒有時間去找一個白人來接受你的投降了。」黑人士兵機智的話語終於使白人軍官屈服了。

法國思想家蒙田（Michel de Montaigne）曾經說：「上帝賜給人類大腦，但並沒有保證每個人都能充分利用好它。」在第一次競選議員時，林肯（Abraham Lincoln）的主要競選綱領涉及到桑格蒙河的開發問題。為了爭取選票，他來到一個小村莊，那裡有三十個選民正在麥地裡拾麥穗。但這些選民對他的內陸開發計劃並不感興趣，一個問題也沒有

問，他們更感興趣的，也是更想看到的，似乎是他的肌肉是否有足夠的力量，可以在議會裡擔任他們的真正代表。於是，林肯來到他們中間，與他們一起勞作。林肯的這一舉動為他贏得了三十名選民的選票。

放在現代，才華會四處碰壁，而機智卻可以暢通無阻，因此，才華的作用已經遠不能和機智媲美了。其實，一個人如果擁有機智，即使他的才華很有限，他也可以利用空餘的時間，慢慢的發展他在某些方面所欠缺的才華。相反，如果他毫無機智，即使他才華橫溢，也不可能做到這一點。俗語說得好：「有才華的人蒙頭大睡，有機智的人起早貪黑。」才華是一種能力，讓你知道該做什麼，而機智是一種技巧，讓你知道怎麼去做。

足夠的機智能統帥三軍，而才華只能衝鋒陷陣。機智雖然不是第六感官，卻是其他五種感官的生命所在，使我們的視覺、聽覺、味覺和嗅覺都更加敏銳。一切困難、一切阻礙、一切疑惑都會在機智面前迎刃而解。

不能適應現實生活的高材生

在當今社會，許多片面發展的人被人們稱作「跛腳的天才」。他們偏愛理論，卻輕視實踐，他們把畢生的精力都集中用於發展某一種能力，但是最終卻以犧牲其他能力為代價，成為一個畸形的人，而不是一個全面均衡發展的人。他們在某一方面有特殊的能力，能完成他人無法做到的事情，因此即使他們對生活常識不知曉，即使他們在很多方面的行為荒謬可笑，我們也常常會原諒他們。亞當・史密斯（Adam Smith）的《國富論》告訴世人經濟學奧祕，但他自己卻不知道如何有效的管理自己家庭的財政。對於一個商人來說，只要他是個生意方面的奇才，哪怕他在客廳裡顯得很木訥，我們也不會在意。

美國政治家丹尼爾・韋伯斯特（Daniel Webster）正坐在書房中看書，這時，有人將幾張嶄新的大面額支票交給了他，他隨手就收下了。這筆錢是他在佛羅里達一個案件中做辯護律師所得的酬勞。第二天，他想用這筆錢去辦一些事情，可是找來找去，他連一張支票也沒有找到。許多年後，他偶爾翻開一本書，突然發現一張嶄新的，沒有一點褶皺的銀行支票，再翻一頁又是一張，最後他把那筆遺忘已久的錢又都找了出來。原來是他在看書時不知不覺的把它們夾在了書裡。

著名牧師史威夫特（Jonathan Swift）在鄉村教區的時候，經常飢寒交迫，掙扎在生死邊緣，而他的同班同學史丹佛（Stafford）卻是一個務實的人，不久就成了腰纏萬貫的富翁。

一次，財政部即將發行新版金幣，韋伯斯特（Daniel Webster）知道這個消息後，就

派祕書查爾斯．朗曼（Charles Ronman）去要了幾百美元。一兩天後，他伸手想從口袋裡摸一個金幣，結果發現口袋裡是空的。韋伯斯特感到十分莫名其妙，想了很久，他才突然記起，原來這兩天他遇到一些稱讚這些新版金幣好看的朋友，就將其送給他們了。

一位著名的教授在新英格蘭一所大學裡任職，他是一個有名的書蟲。有一次，他的妻子讓他去買咖啡。他來到店裡，老闆問他：「你要買多少咖啡？」他想了想說：「我妻子忘了跟我說了，嗯，那就買一桶吧。」

在世界上，許多人受過高等教育，並肩負著光榮的使命，但是，絕大多數這樣的人都缺乏機智與常識，有的竟然連生存問題都很難解決。

幾個星期前，人們驚奇的發現，在澳洲的一個牧場中，有三個大學生在為牧場主打工。這三個人中，一個來自劍橋，一個來自牛津，還有一個是德國某名牌大學的畢業生。他們在學校接受高等教育是要當領導眾人的領袖的，如今居然在這裡看管家畜，領導「羊群」。而牧場主沒有知識，沒有文化，沒有任何專業技能，對什麼書本、理論一竅不通，但是他卻知道怎樣飼養羊群，怎樣管理牧場。他僱傭的這三個大學生，雖然滿腹經綸，通曉多國語言，可以討論深奧的政治經濟學和哲學理論，可是，說到賺錢，說到管理牧場，他們卻不能和牧場主相比。牧場主整天談論的只是他的牛羊、他的牧場，眼界十分狹隘，但是他卻能將大把的鈔票裝進自己的口袋，而那些大學生卻連謀生都很困難。儘管大學的名聲很響亮，但卻學不到任何實用的謀生技能。有文化和沒文化，大學和牧場的較量是如此針鋒相對，而最終勝利的居然是後者。

培根（Francis Bacon）說：「讀書本身不是目的，真正的目的在於一種超乎書本之外的，只有透過細小觀察才能夠獲得的處世智慧。」正所謂「紙上得來終覺淺」就是這個道理，因此我們對書本不應該寄予太高的期望。曾經有一個法國的大學者，他接受了太多的教育，毫無實踐經驗，這實際是降低了一個人適應現實生活的能力，讓他變得弱不禁風，因此，人們對他的評價是「他被自己的才華淹沒了。」對於實際生活中的種種艱苦勞作來說，書本教育顯得太文雅、太奢華、太精緻了，不能用在日常生活的方方面面，所以，書本教育往往使一個人發展出過分的批判能力和自我意識，甚至使他變得過於謹慎和缺乏自信。

書本和大學裡的文化教育常常是倫理意義上的文化教育，它確實可以提高人的見識，但是它的獲得常常是以犧牲人的活力和個人意志為代價的。書本教育不能夠充分發展人的實際技能，甚至會扼殺人在這方面的潛能。所謂的書呆子都是些沒有個性的人，他們的頭腦裡充斥著各式各樣的理論，浸透著別人的理想。一個人在離開農場進入大學

後，他心靈上的活力就會消失得無影無蹤。等到他大學畢業進入社會後，他就會突然發現，他似乎早已不具備理解周圍事物的能力了。

一個大學畢業生常常不能衡量自己的真實力量，他常常將自己置身於一個沒有人情世故的理想王國裡，與一個雖然沒有機會上大學卻在殘酷的生存競爭中熟知人情世故的文盲相比，他顯然是個失敗者。在我們所生活的真實世界裡，擁有高深的理論和淵博學識的人不能夠成為時代的進取青年，因為，他們雖然滿腹經綸，但卻不通人情世故，是不能夠適應現實生活的。

控制自己方能控制別人

最難的是超越自我，在超越自我的同時追求事業的成功。

平庸和軟弱是失敗者的通病，成功者正視弱點，克服弱點，及時總結經驗，從頭再來。

一位美國著名企業家談到他創業初期因為自身弱點得到的教訓：

那時我還年輕，和大樓管理員發生了誤會，導致我們彼此仇恨。管理員為表示不滿，當他知道只有我一人在大樓裡時，就幾次關掉電閘，我決定反擊個星期天，我在辦公室準備第二天晚上發表的演講稿，而當我剛剛在書桌前坐好，電燈熄滅了。

我火冒三丈，立刻跳起來，奔向大樓地下室，我知道在那裡能找到那位管理員。當我到那裡時，發現他正忙得很，也得意得很，一邊把煤一鏟鏟送進鍋爐內，一邊吹著口哨，彷彿什麼事情都未發生似的。我立刻對他破口大罵，在五分鐘內，我以比他正照顧的那個鍋爐內的火更熱辣辣的詞句痛罵他。最後，我實在想不出罵人的詞句了，只好放慢了速度。這時候，他站直身體，轉過頭來，臉上帶著微笑，並以一種充滿鎮靜與自制的柔和聲調說：「你今天有點激動吧！」他的態度和他的話就像是一把銳利的短劍，一下子刺進我的身體。

想想看，我那時候是什麼感覺：站在我面前的是一位文盲，他既不會讀也不會寫，但雖然有這些缺點，他卻在這場戰鬥中打敗了我，我在這場戰鬥中與他相比顯得如此沒有教養。而這場戰鬥的場合以及武器都是我自己挑選的。我的良心把譴責的手指對準了我自己。我知道，我不僅被打敗了，而且更糟糕的是，我是主動的，而且是錯誤的一方，這一切只會更增加我的羞辱。

第二天，進入辦公大樓時，我發現那個管理員正在和一些人談起昨天發生的事，其

中也有我的員工。我作賊般的逃進辦公室，總覺得員工臉上有一種異樣的神情。最終，我花了很大氣力下定決心，決定忍受羞辱，當著我的全部員工向那個管理員公開道歉，我的道歉，使那個管理員紅了臉也向我承認了自己的錯，並且我在贏得了員工的掌聲的同時，也重新贏得了他們的尊敬。

在這個事件後，我下定決心，以後絕不再失去自制。因為一旦失去了自制，不管是一名目不識丁的管理員還是有教養的紳士，都能很輕易的將我打敗。

這個事件成為我一生中最主要的一個轉折點，它教導我，一個人除非先控制了自己，否則他將無法控制別人。

一個單身漢，住在用茅草搭起的房子裡。他勤勞耕種，自食其力。漸漸地，油鹽醬醋之類的生活必需品越來越齊備了。但是令他惱火的是，草房裡老鼠成災，白天亂竄，晚上亂叫，還磨牙，終日鬧個不休，這男子滿腹怨氣，又無計可施。

一天，這男子酒喝多了，躺在床上睡覺，這時老鼠們鬧得更凶了，似乎是故意惹他生氣。男子怒火萬丈，一把火把房子燒個精光。老鼠是全沒了，可他的家業也沒了。

因個人某方面致命的弱點或缺陷而歸於失敗的人，在失敗者中也不在少數。對這樣的人，我們提倡壯士斷臂、痛改前非的態度。要經常想到自己的弱點、自己的不足，既要自我崇尚、有信心，也要自我檢查、隨時修正，不斷的自我完善自我提高。人最難的是超越自我，在超越自我的同時追求事業的成功。

第一章　個性的塑造

第二章　個性的展示

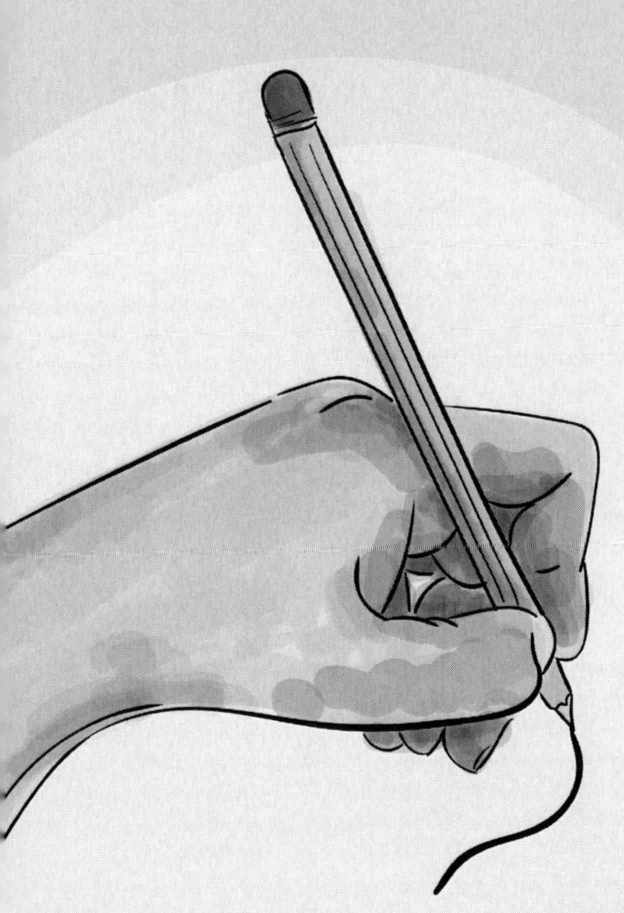

無與倫比的熱忱能掃清一切障礙

有一個十二歲的小男孩，他酷愛音樂，鋼琴彈得非常熟練。一次，他問偉大的作曲家莫札特（Mozart）：「先生，我想自己寫曲子，可是該怎麼開始呢？」「哦，孩子，」莫札特說，「既然不知道怎樣開始，那就應該再等一等。」「可是，您不是在比我現在的年齡還小的時候就開始作曲了嗎？」男孩有些不甘心的繼續問。「沒錯，孩子，」莫札特說，「可是我從來沒有問過這類問題，那種靈感一旦到來，你就會自然而然的寫出曲子來。」

英國政治家格萊斯頓（William Ewart Gladstone）曾經這樣說：「把一個孩子內心潛藏的熱忱激發出來是一件最有意義的事情。」其實，每個孩子身上都或多或少有一些將來可以成就大業的潛質。那些思維敏捷、聰明伶俐的孩子是這樣，那些相對木訥，甚至看起來有些愚鈍的孩子也有這樣的潛質。他們一旦產生了熱忱，就會憑藉這種熱忱的力量，將他們身上的愚鈍趕走。

為了發動一場戰役，別人需要一年時間做準備，而拿破崙只需兩週的時間。這其中之所以會有這樣的差別，正是因為拿破崙的心中有無與倫比的熱忱，就連戰敗的奧地利人在目瞪口呆之餘，也不得不稱讚這些跨越了阿爾卑斯山的對手：「他們不是人，是會飛行的動物。」在第一次遠征義大利的行動中，拿破崙只用了十五天時間就打贏了六場戰役，在占領了皮德蒙特的同時，還繳獲了二十一面軍旗、五十五門大砲，並且俘虜了一萬五千人。

在這場戰役之後，敵軍中的一位奧地利將領憤憤的說：「這個年輕的指揮官對戰爭的藝術簡直一竅不通，他根本不懂得用兵之道，他什麼事都做得出來。」但是拿破崙正是以這樣一種根本不知道失敗為何物的熱忱，帶領著他的士兵，從一個輝煌走向另一個輝煌的。

「我們發現，在許多重要的戰役中，成敗的關鍵就在於，戰爭雙方是否投入了極大的熱忱。」這是著名將軍博伊德的一句名言。

聖女貞德（Jeanne la Pucelle）是法國人民心中的英雄，她憑藉一柄聖劍和一面聖旗，以及她對自己使命堅定不移的信念，為法國軍隊注入了即使是國王和大臣也無法提供的熱忱。正是她的熱忱，掃除了前進道路上的一切障礙。

有一次，英國著名海軍將領納爾遜（Nelson）身逢險境，於是，他嘆息道：「如果我現在步入天堂，你們一定會發現，我的心頭刻著『給我軍艦』四個字。」

馬只有在脫韁奔跑時才能發揮出全部的潛力，而人也只有在沒有任何束縛的情形下才能發揮出自己的最大能量。因此，一個人如果知道自己身上蘊藏著怎樣的力量，那麼他就會創造出奇蹟。

在倫敦的許多地方，我們都可以看到刻有一位著名建築師名字的紀念碑，上面寫著：「本教堂和本城的建造者，克里斯多佛．雷恩（Sir Christopher Wren）長眠於此。去世時他已年過九十歲，他的漫長的一生是為了大眾利益而活著，並非為了自己。」

在這位建築天才漫長的一生中，他從未接受過任何正規的教育，但卻為這座城市建造了五十五座教堂、三十五座大廳。一次，為了修復倫敦的聖彼得大教堂，他特意去法國觀摩巴黎的建築。在雄偉的羅浮宮前，他感言道：「要是能夠設計出如此宏偉的建築，即使粉身碎骨也心甘情願。」他的才華舉世無雙，這在他所設計的肯星頓宮、德魯里蘭劇院、大紀念碑、皇家交易所和漢普頓宮等建築上得到了充分體現。他在牛津設計建造了許多教堂和學院，並把格林威治宮改造成了海員的休憩之地。在倫敦大火之後，他又為城市提出了新的規劃方案。而他一生中最重要的一件作品就是他為之傾注了三十五年心血的聖彼得大教堂。

克里斯多佛．雷恩在幼年時體弱多病，令父母十分擔心，但是正是他那無與倫比的熱忱，使他擁有了不可思議的力量，讓他在晚年時仍然身體健康。

憑藉生命的熱忱成就天才

憑藉創作者生命的熱忱，一切天才的成功作品中都隱藏著一種和諧、神祕的氣息，它讓讀者在面對這些作品時，能夠感受到創作者在最初創作這些作品時所處的那種情境。

為貝多芬（Beethoven）立傳的作者記錄過這樣一件事——

在波恩一條窄窄的街道上，我們邊走邊欣賞著冬夜裡皎潔的月色。「聽——」在一間破舊的小屋前，偉大的音樂家突然喊住了我們。他停住了腳步，「彈得多好啊！是我的F大調奏鳴曲，那聲音如此悅耳動聽。」

就在樂曲進入尾聲的時候，忽然琴聲嘎然而止，接著傳來了一個少女的嘆息聲和哭泣聲。「哥哥，我彈不下去了。多好的音樂啊，可是，無論我怎麼努力都彈不好。唉，要是我們能去科隆聽音樂會，那該多好啊！」這時，一個低沉的聲音說：「親愛的妹妹不要嘆氣了，我們現在連房租都付不起，哪裡還有錢去聽音樂會呢？」「哥哥，你說得

對，」少女說「可是我心裡還是在想，如果我這一生有機會去聽一聽真正的音樂，那該多好啊！不過，我也只是想一想而已。」

聽了兄妹的對話，貝多芬對大家說：「先生們，我們進去看看吧。」「進去？」我提醒他，「我們進去幹什麼？」「我要給她彈幾支曲子」，貝多芬有些抑制不住激動的情緒說，「我要為她彈奏，這是真正的理解、真正的愛，她一定會聽明白的。」在說話的同時，他已經推開小屋的門走進去了。屋中燈光昏暗，一個年輕的小夥子坐在桌旁，正在拿著針線縫補鞋子，在一架老式的鋼琴旁靠著一個面帶憂傷的年輕姑娘。看到貝多芬走進來，小夥子馬上放下手中的針線，站起身來有禮貌的問：「先生，請問您有什麼事嗎？」貝多芬有些吞吞吐吐的說：「嗯，請原諒，我是聽見琴聲才忍不住走進來的。我是個樂師，嗯，還有……我……不小心聽到了……你們的談話，聽到你說你希望……嗯，我的意思是，我想為你彈奏幾首曲子，行嗎？」

「噢，先生，謝謝您，」年輕人高興的說，「可是我們的鋼琴實在太糟糕了，而且，對於音樂，我們也不懂。」「什麼？不懂音樂？」貝多芬驚訝的說，「那，那，這位小姐，噢，請原諒……」他突然注意到那位姑娘是個盲人，這讓他不知道該說什麼了，「對不起，請原諒我的冒失，我沒有注意。那麼你是憑聽覺來演奏的嗎？剛才好像你說過，你沒有機會去聽音樂會，那麼，你是從哪裡聽到這些音樂的呢？」

「您是說那些音樂嗎？我們曾經在布魯爾居住過兩年。那時，在我們房子的不遠處，住著一位夫人，她經常會在夏夜打開窗戶練琴，我常常走到她的窗下去聽她練琴。」年輕的姑娘平靜的回答。

貝多芬走到鋼琴前坐了下來。我從來沒有聽到過貝多芬彈得像今天那麼投入，那麼好，從來沒有。那架陳舊的鋼琴似乎突然恢復了生命的活力，溫柔神祕的音樂從琴弦間流淌出來，令年輕的兄妹如痴如醉。悠揚的琴聲飄滿整座小屋，在空氣中流動著，突然，桌上僅有的一支蠟燭熄滅了。接著，窗子被打開了，如水銀般的月光瀉了進來。此時此刻，貝多芬停止了彈奏，陷入了沉思。

「真了不起！」年輕人低低的說，「您到底是誰？」

「聽。」大師回答，他開始彈奏F大調奏鳴曲的開頭幾節。「天啊！您一定是貝多芬！」年輕人又驚又喜，大聲喊道。看到貝多芬起身要走，便忍不住說：「再為我們彈一首曲子吧。」

音樂家若有所思的說：「現在，我要寫一首關於月光的奏鳴曲。」說話的同時，他凝望著深邃遼遠的夜空，空中沒有一片雲彩，只有星星眨著眼睛，發出柔和的光芒。

接著，音樂家又回到鋼琴邊坐下來，一段略帶憂傷、充滿無盡關愛的樂章，緩緩的從琴弦間流淌出來，猶如那靜謐的月光傾瀉在地面上一般。然後是一段三拍子的野性的，精靈般的過門，類似一種奇異的間奏，宛如仙女在草地上曼舞。隨後是急速的、激盪人心的尾聲，一段驚心動魄、令人顫慄的樂章，似乎在飛行，似乎一切都不確定，在它那撲打的翅膀間似乎帶著一種模模糊糊的恐懼在帶我們遠行，讓我們完全沉浸在熱情和奇想中。

「再見。」音樂家起身奪門而出。

「您還來嗎？」兄妹倆異口同聲的問。

「會的，會的。」貝多芬匆忙回答

「我會再來的，會給這位小姐一些指導，但是現在我必須走了。」接著，他又對我說：「趕快回去，我現在還記得這首曲子，必須立刻記下來。」我們匆匆回到駐地。

在清晨時，貝多芬拿著完整的《月光奏鳴曲》的曲譜，從桌邊站起身來，既興奮又略有憂傷的望向窗外。

只有用富有生命力的語言、用真正的熱忱表達出來的思想，才可能點燃另一個人心中潛藏的燭光。

在義大利，每一位藝術家都曾受到拉斐爾（Raffaello）的啟發。他那謙遜的態度、迷人的舉止，足以消釋來自別人的一切嫉妒。古往今來，他可以說是一切偉人中唯一一個生前沒有樹過敵的人。

米開朗基羅（Michelangelo）是著名的雕塑家，他曾用十二年的時間研究解剖學，幾乎將自己的身體搞垮，但是這段時間的訓練，對他的藝術風格、他的雕塑技法乃至他的崇高地位，發揮著至關重要的作用。在此後的創作人體雕塑時，他總是先考慮骨架，再依次考慮肌肉、脂肪和皮膚，最後再考慮裝飾。在雕塑的時候，他會將鑿子、鉗子、銼刀等全部雕刻工具都用上，而且他要自己親手準備顏料，甚至不讓僕人或徒弟插手調色工作。

弗朗西斯．帕克曼（Francis Parkman）是著名的歷史學家，他早年在哈佛讀書時就下定決心要把在北美的英國和法國人的歷史用文字記錄下來。此後，他以一種罕見的獻身精神和堅定的信念，用畢生的精力和財富，以及所擁有的一切都獻給了這一項偉大的事業。他曾深入達科他的蘇族印第安人中蒐集各類資料，這一段經歷嚴重損害了他的健康狀況，甚至在以後的五十年裡，他每次閱讀都不能超過五分鐘，時間一長眼睛就支持不住了。儘管如此，他仍然以頑強的毅力完成了自己年輕時定下的目標，最終為世人留下

了一部不朽的歷史著作。

一生貧窮潦倒的班揚（John Bunyan）是英國著名作家，他曾有許多次獲得自由的機會：他曾接濟一戶窮苦人家，他們必須依賴他才能生存下去；他曾經不得不與雙目失明的女兒瑪麗分別，他說，這就像從他骨頭上撕下塊肉一樣痛苦；他熱受自由，渴望自由，有遠大的抱負，但所有這一切都沒有讓他放棄布道工作。他年幼時曾受過一些教育，但是在成年後已忘得一乾二淨了。於是他又在妻子的指導下重新學習閱讀和寫作。最終，這位來自貝德福德的補鍋匠，雖然不名一文，受人歧視，卻憑藉信仰的熱忱，將一部不朽的寓言《天路歷程》奉獻給了全世界讀者。

盡善盡美能贏得崇高的尊重

在倫敦，有一個很有名氣的鐘錶商名叫喬治．格雷厄姆（George Graham）。一天，有一位顧客來到他的鐘錶店，精心挑選了一塊手錶，但是仍然對手錶的品質心存疑慮，於是，就問店主格雷厄姆，手錶走時是否精確。

「先生，你只管放心使用，這塊手錶的製造和校時都是我親手完成的。如果這塊手錶在七年後走時誤差超過五分鐘，你來找我，我一定把錢全額退給你。」格雷厄姆回答。

七年後，當年買手錶的那位先生，從印度歸來，他又來到了格雷厄姆的鐘錶店找他。

「先生，您還記得我吧，我把你的錶帶來了。」那位先生說。

「哦，我記得您，先生，我也記得我們的條件，怎麼了？那塊錶出問題了？」格雷厄姆說道。

「先生，是這樣的，這塊錶我已經用了七年了，但它的走時誤差的確超過了五分鐘。」那位先生說。

「真的？如果是這樣，我現在就把錢全額退給你。」格雷厄姆說。

「先生，除非你付給我十倍的價錢，不然我不退。」那位先生說。

「先生，我不會食言，我答應你的條件。」說著，格雷厄姆將錢付給了那位先生，換回那塊錶，留著自己校準時間用。

格雷厄姆先生製造鐘錶的手藝是當時倫敦——也許是全世界做工最精細的機械師湯皮恩（Tompion）先生傳授給他的。如果鐘錶上刻有他的名字，那就代表著品質優異、走時準確。有一次，一位顧客拿了一塊刻了他名字的壞錶找他修理，雖然錶上刻有他的

名字，但卻是十足的贗品。塔彼溫先生並沒有責怪顧客，而是隨手拿起錘子將錶砸得粉碎。這位顧客被驚得目瞪口呆。這時，塔彼溫先生拿出一塊自製的手錶遞給那位顧客，說：「先生，這才是我製造的產品。」

格雷厄姆先生一生中還發明過許多儀器，如太陽系儀、擒縱器、水銀鐘擺等，如今人們仍然在使用，而且技術上幾乎沒有什麼大的改進。他為格林威治天文臺製造了一臺大鐘，到現在走時已超過了一百五十年，但仍然性能良好，只是每走十五個月就需要校時一次。由於湯皮恩和格雷厄姆的工作盡善盡美，達到了至高境界，因此，他們被獲准長眠在西敏寺教堂。

為了能夠在海上安全航行，每一個水手都必須知道自己在赤道的北邊還是南邊，距離赤道有多遠，而且還要知道相對於某個固定地點的位置，比如在巴黎、華盛頓或者格林威治的東面還是西面，有多遠的距離。如果有一個絕對精確的計時器能夠供水手使用，那麼，水手們就可以借助計時器在每天有太陽的時候獲得這方面的數據。然而，當時還沒有人發明出這樣高精度的計時器。為了找到一種測量經度的辦法，十六世紀時，西班牙國王懸賞一千克朗。兩百年後，如果有人能夠發明一種計時器幫助海船測量它所在的經度，而且誤差不超過六十英里，那麼他就可以得到英國政府懸賞的五千英鎊；如果誤差小於四十英里，獎金就是七千五百英鎊；如果小於三十英里，賞金就是一萬英鎊，甚至有一個版本的文書不小心將最後一項寫成了兩萬英鎊。

這筆獎金讓世界各國的鐘錶工都為之絞盡了腦汁，直到一七六一年，約翰·哈里遜（John Harrison）發明了他的計時器，並要求對儀器進行檢驗。於是，在一次從樸茨茅斯到牙買加為期一百四十七天的往返航行中，哈里遜先生發明的計時器派上了用場，整個航程最後的誤差只有四秒。隨後一次到巴貝多的為期一百五十六天的環球航行過程中，這臺裝置的誤差只有十五秒。最終，這位已經為此努力工作了四十年，雙手和計時器一樣靈巧的機械師哈里遜先生將兩萬英鎊的獎金收入了囊中。

精確最受人們歡迎

孩子為了增強故事的吸引力，故意誇大其辭的對父親講：「爸爸，昨天晚上，我在街上看見了一大群狗，我可以毫不誇張的說有五百多隻呢。」「肯定不可能。」父親平靜的說。「要麼就是一百隻，我真的看見了。」「那也不可能，我們村子裡總共也沒有那麼多狗。」父親說。「哦，那麼我可以保證至少有十隻之多。」「十隻嗎？我還是不

能相信你，因為你說看到五百隻的時候，口氣和現在一樣肯定，這兩個漏洞足以告訴我，你說的是謊話。」父親說。「哦，爸爸，坦白的說，我只看見了兩隻狗，一隻是我們的捲毛狗，還有一隻是別人家的小狗。」孩子這一次說了真話。

孩子的謊話多數時候能夠被我們戳穿，可是，生活中有一些人，他們總是在說「從來沒有見過這麼大的雨」，或者每天都在絮叨「這個夏天是有史以來最熱的夏天」，「從來沒有這麼冷的冬天」，他們的話可信度又有多少呢？

真實的話語，是人們最願意信賴的。因為它拋棄了一切人為編造的痕跡，完全依據於事實，它所展示的那種個性力量和意志力量，是最受人們歡迎的。

空洞虛假的態度都是缺乏精確性的表現形式，如明明知道真相卻故意保持沉默，故意避重就輕，迴避事實；誇大其辭、騎牆觀望，人云亦云，不懂裝懂；為了不得罪人，只管說好話。這些惡劣行為，都與不精確有關。

在世人眼中，自然界的一切都是真實而不做作，認真而不敷衍的。今天我們看到的玫瑰或水晶，仍然和創世之初伊甸園裡玫瑰或水晶是同一種形狀，同一種色彩。一顆水晶，無論形成於地下，還是形成於地表，都不會有什麼結構上的差別，一朵玫瑰，無論生長於女王的花園，還是開放在不為人注意的路邊，甚至是人跡罕至的荒山野嶺，它都同樣受人矚目，它的美麗，它的芳香，都不會有絲毫改變。行星週而復始的運轉，但每次都在同一時間回到同一位置，這種運動的規律性正好證明了上帝意志力的存在。

凡事喜歡誇大、喜歡渲染，這是在美國這個國家裡滋生的一種不良傾向，這與美國的迅速崛起和資源的豐富密切相關。其實，這個國家真實發生的一切，其精彩程度遠遠超越了小說中虛構的故事。正是基於這一點，我們才更不理解：人們為什麼偏愛誇張的敘述？泛泛的溢美之辭遠不如實事求是更為有力，這個道理我們再清楚不過了，然而在開口的同時，它又被拋到了九霄雲外。事實上，今天我們要來辨明美國實際上發生的一切已經非常困難了，因為我們不知道其中有多少財富出自誤傳。而事實上，真相本身才更有說服力，那些毫無事實根據的誤傳其實毫無必要，也毫無價值可言。

一個小有名氣的昆蟲學者求教於美國著名動物學家阿加西（Louis Agassiz）教授，希望能夠增進自己的學問。教授給他上的第一節課就是讓他觀察一條死魚。過了兩個小時，教授檢查這位學生觀察到了什麼。最後，教授搖搖頭說：「你觀察得還不夠仔細，再仔細看看。」第二次檢查，教授還是搖頭說：「在我看來，你不知道怎樣使用自己的眼睛。」這句話深深刺痛了這個學生的心，他一改從前熟視無睹的惡習，對這條死魚進行了細緻的觀察。當教授第三次檢查時，他的回答令教授十分滿意，最後得到的評價是：

第二章　個性的展示

「很好，你現在懂得如何用你的眼睛觀察了。」

一次，有人請韋伯斯特先生在美國國會即將閉會時對一個極有爭議的問題發表看法。「不行，」韋伯斯特斷然拒絕，「我還有很多事情，沒有時間談論這個問題。」「沒關係的，韋伯斯特先生，不管談論什麼，你的發言都很精彩，從來沒有讓人失望過。」「那恰恰是因為每次在講座一個問題時，我總要在頭腦中思考一下，不考慮清楚我是絕對不會發言的。諸位，非常抱歉，這次我真的沒有時間。」韋伯斯特回答。

在西伯利亞，一個旅行家發現，當地居民可以用肉眼看到木星。儘管他們的文明程度不高，但是他們的視力卻遠遠超過了我們。反過來想一想，我們沒有一項重大的天文學發現是借助巨型望遠鏡獲得的，這會讓人感到很奇怪。然而，那些在這一科學領域對知識的進步做出巨大貢獻的人，多數使用的都是最普通的儀器，但是，他們的思想和眼睛卻受到過非常嚴格的訓練。

一位著名作家寫道：「要竭盡全力、一絲不苟的做好每一件事情。這是因為，究竟什麼才事關真正的大局，究竟什麼才是最重要的，這一點我們並不清楚。但是事實上，決定命運的也許就是那些微不足道的小事。」

每當但丁（Dante Alighieri）走過，佛羅倫薩人就會說：「這個人一定去過地獄。」這是因為但丁對地獄描寫太生動、太逼真了，所以不免讓人產生這種想法。

魯弗斯．喬特（Choate Rufus）是美國著名法官，他是個十分認真的人，有時，他會和一些小商販，為了一些小事情進行辯論，其認真程度絲毫不亞於他在聯邦最高法院的演說。

孟德斯鳩（Montesquieu）曾經因為自己的一部著作對一個朋友說：「我耗費了畢生精力寫就的著作，你可以幾個小時就將它讀完。」在寫作的過程中，無論是在清醒讀書時，還是夜裡做夢，孟德斯鳩想到的只有這本書，這簡直成了他全部日程的焦點。

達文西（Leonardo da Vinci）在創作他的名畫《最後的晚餐》時，常常會為了一個細節、一種色彩而跑遍整個米蘭。

歷史學家吉朋（Edward Gibbon）九次改寫他的回憶錄，《羅馬帝國盛衰史》的開頭幾章修改了十八次才最後定稿。

智慧可以征服一切

哥倫布（Christopher Columbus）帶領船隊發現了美洲新大陸，並在那裡居住了一段時間。開始，當地的印第安人對他們十分熱情，但是時間一久，他們就開始對哥倫布和他的船員們越來越冷淡了。於是，哥倫布對印第安人的酋長說：「我們來這裡已經有幾週的時間了，你們開始確實把我們當作朋友來款待，可是現在，你們不再像以前那樣歡迎我們了，甚至有些嫉恨我們，想趕我們走。你們本來答應供應我們每天充足的食物，但你們卻沒有履行諾言，你們每天帶來的食物越來越少了，你們的行為已經觸犯了聖靈，它非常憤怒，決心讓太陽消失，作為對你們的懲罰。」

哥倫布知道快要發生日食了，於是就將「太陽消失」的時間告訴了印第安人。但是，這些印第安人並不相信哥倫布的話，仍然減少對他們的食物供應。

「太陽消失」的時間到了，但太陽和往常一樣，表面並沒有一點暗影出現，那些印第安人連連搖頭，越來越掩飾不住對哥倫布等人的敵意了。但是隨著時間的慢慢流逝，太陽的一側開始出現了黑點，慢慢的，黑點的面積越來越大，那些印第安人一個個驚慌失措，匍匐在哥倫布的腳下求他開恩。哥倫布答應盡力拯救他們，然後就回到了自己的帳篷。

當日食快要結束的時候，哥倫布走出帳篷，並告訴眾人，聖靈已經寬恕了他們的罪行，只要他們以後不再觸犯他，聖靈很快就會將吞噬太陽的魔鬼趕走。於是，印第安人立即發了誓，接著，太陽又從暗影裡露出了笑臉。這讓那些印第安人個個手舞足蹈，又唱又跳。從此以後，西班牙人想要什麼，這些印第安人都盡力滿足他們。

在剛剛踏上英吉利海灘的時候，凱撒（Caesar）不小心滑了一跤，為了避免手下人看見，將其視為不祥之兆，凱撒順勢抓起一把沙子，高高舉過頭頂，以一副勝利者的姿態向世人展示他的威力。這就像人們通常所說的彈無虛發的英雄大衛，哪怕是順手從河灘上撿起幾塊鵝卵石，也要比拿著長矛、一身蠻力，但動作笨拙的歌利亞要厲害百倍。

機智可以應付突然的襲擊

多年以前，在美國的俄亥俄州，有一個不速之客突然闖進了摩爾先生家的小木屋。他氣喘吁吁，十分激動，一進門就大聲喊道：「印第安人來了，快給我備一匹快馬，我得去報信。昨天晚上，他們血洗了河下游的一戶人家，不知道他們接下來還會去哪裡。」

「天啊！那我們怎麼辦？」臉色蒼白的摩爾太太急忙問道，「我丈夫昨天出門去買越冬的用品了，最快也要明天早晨才能回來。」

「什麼？男主人不在？那你就什麼都別說了，立即把火熄滅，晚上也不要點燈了。」這個報信的人飛身躍上孩子們牽過來的馬，又去別人家裡報信了。

摩爾太太禁不住老大歐比德和老二喬這兩個孩子一再要求，就把他們兩個留在底下觀察動靜，自己則帶著另外幾個孩子上了閣樓。天漸漸黑了下來，歐比德突然看見幾個黑影在遠處田野裡晃動，於是他小聲說：「喬，他們來了。我在這邊用步槍瞄他們，你就拿著斧頭站在那扇窗子後面。」

接著，歐比德從子彈袋裡取出一顆子彈，準備裝在步槍上，但是子彈太大了，根本裝不上去，這個意外幾乎讓他暈倒了。原來是父親摩爾先生把子彈袋備錯了。於是，他四處搜尋，希望能夠找到合適的子彈，這時，一個大南瓜險些將他絆倒。這是信使來報信的時候，他和喬準備做燈籠用的，後來扔在地上沒有收拾。看到南瓜燈，歐比德的思維在迅速的旋轉著，他把南瓜燈用手動了幾下，讓它看上去像一張猙獰的鬼臉，上面有睜得大大的眼睛，還有鼻子和嘴角。然後，他又從爐子裡取出一塊木炭，用它將燈籠裡的蠟燭點燃。接著，他又脫下衣服，罩在南瓜燈的外面。這時，他一面將燈籠舉到窗臺上，一面輕聲對自己說：「要快，不然他們就要行動了。」

說話的同時，他一把拿開了罩在燈籠外面的衣服，怪物出現了，那些印第安人被嚇得魂飛魄散，怪叫著四散而逃了。「喬，快把另一個也點起來，」歐比德指揮著喬，「看見了沒有，他們害怕了！」接著，另一張猙獰的鬼臉又出現在了窗戶上。這下，印第安人真的嚇壞了，他們怪叫著轉身逃到森林裡去了。第二天，摩爾先生回到家裡，家裡同往常一樣平安、寧靜，而那些印第安人也銷聲匿跡了。瑟羅·威德出身卑微，在別人眼裡，他出人頭地的機會少得可憐，但他卻能夠憑藉非同尋常的直覺和機智洞察人心，憑藉出色的說服技巧和慷慨無私的為人，為自己在社會上掙得一席之地。他曾經從停泊在紐約港的一艘小帆船上，替一個客人把大衣箱背到「寬街旅館」，得到了自己的第一筆收入。在此後的歲月裡，他還憑藉自己的機智和敏銳，先後幫助三位候選人贏得了總統選舉。作為報答，他們先後邀請他出任駐英國大使和其他一些重要職務，但都被他婉言謝絕了。

在林肯（Abraham Lincoln）總統任職期間，同情南部聯邦的《紐約先驅報》在歐洲的發行量很大，其中的文章常常挑起海內外輿論對美國政府的不滿，於是，林肯委託威德出面斡旋。威德和報社老闆貝內特已經有三十年沒有打過交道了，但是就在他們會談

後的第二天，報紙立刻就轉變了立場，堅定的站在了聯邦政府這一邊。

接著，威德又被派往歐洲，消除南部分離分子在那裡的影響。他出使的第一站是法國。法國皇帝原來站在南部一邊，對美國政府封鎖查爾斯頓港的舉動非常不滿，甚至還命令法國製造商不許向美國出口棉花。然而，威德卻憑藉他出色的機智和智慧，說服了法國皇帝改變立場，使皇帝原本打算在國民大會上發表敵視美國政府的講話變成了向美國表示友好的聲明。然後，威德又去了英國。就在他到達的時候，英國仍舊在夜以繼日的備戰，但因為威德的來訪，輿論的態度有一百八十度的轉變。威德返回美國後，紐約市代表美國公眾，向他做出的巨大貢獻表示了感謝。此外，威德還在生意場上獲得了成功，擁有了萬貫家資。

機智的人具有極強的生存能力

在行軍途中，拿破崙常帶領部隊和工程師去前面探路。一次，他們一行人來到一條河邊，河上沒有橋，但部隊又必須迅速通過。

於是，拿破崙問工程師：「告訴我，河有多寬？」

工程師回答：「對不起，閣下，我的測量儀器都在部隊裡，他們離我們有十幾英里遠呢。」

「你必須馬上測出河的寬度。」

「閣下，這做不到。」

「不能立即測出河寬就走人。」

過了一會兒，工程師想出一個好辦法。他脫下鋼盔，讓帽檐和他的眼睛，以及河對岸的一點剛好在一條直線上。接著，他小心的保持身體直立，並不斷的向後退，當眼睛、帽檐和這邊河岸的相應一點剛好在一條直線上時，他就停住了腳步，然後將自己所處的位置標好，用腳量出前後兩點的距離。「這就是河流大概的寬度。」工程師對拿破崙說。拿破崙非常高興，立即提升了他的職務。

韋伯斯特（Noah Webster）是美國的大政治家，一次，他因沒趕上車要在西部的一個城市耽擱一個小時，趁著這段空閒，鎮長向他介紹了一些當地的名流。「韋伯斯特先生，」鎮長指著一位先生說，「請允許我向您介紹詹姆士先生，他是本城最傑出的公民。」「你好，詹姆士先生。」韋伯斯特先生禮節性的和他打了招呼，一邊還注視著數以千計等待和他握手的群眾。「說實在話，韋伯斯特先生，我的狀況不是很好。」詹姆

士先生顯出一副可憐哀傷的樣子。「但願不會太糟糕。」韋伯斯特先生出於禮貌，關切的說。「哦，先生，我不知道。我覺得自己患了風溼，可我的妻子卻說是……」詹姆士仍然喋喋不休的往下說。「韋伯斯特先生，」鎮長打斷了他的話，「這位是史密斯先生。」韋伯斯特先生轉向史密斯先生，並向他致意。這時，詹姆士先生只能一個人尷尬的站著。詹姆士落得如此尷尬的地步，正是因為他不懂得人情世故所致。

機智的人能推動世界向前發展

機智就像傳說中的亞歷山大大帝（Alexander the Great）一樣，在遇到自己不能解開的結時，就當機立斷，用鋒利的劍斬斷它，然後將自己全身的力量集中起來，一步步走向成功，走向輝煌。腳踏實地的人不僅能夠看到機會，而且還能夠很好的把握機會。這種善於把握機會的能力，我們很難做出明確的描述。但是，毫無疑問，只有真正具備了這樣的素養，才能夠真正成為生活的寵兒、時代的弄潮兒。拿破崙就是一個很好的例子。他對與作戰有關的一切技巧，包括製造彈藥在內，全都駕輕就熟，沒有他不通曉的事務。在一切樹木中，棕櫚樹是最不容易被彎折的一種。然而，在南美洲密密的叢林中，厚厚的遮蓋並不能阻止它吸收太陽光。據說，它總能就近找到一棵高大的樹木，並依附其樹身向上攀援，直到看見陽光為止。

一次，美國麻薩諸塞州考德角的一個牧師接到了某個地方的邀請，為那裡的土地祈求平安、富饒。原來，這是當地一個古老的風俗，每年四月都要請一位牧師前來做禱告。於是，牧師接受了邀請並如約去了那個地方。當牧師看到那塊土地時，不禁搖了搖，說：「這裡需要的是肥料，而不是禱告。」

有一個農場主，生活日漸窘迫，無奈之下只好將一半農場賣給一個剛剛發家的年輕人。那個年輕人的家資雄厚，完全有能力買下兩個農場，這令農場主羨慕不已，不禁問道：「你有什麼成功的祕訣嗎？我為什麼總是倒楣？」「你缺乏機智和常識。」年輕人坦率地回答。

只要我們不斷的調整觀察的角度，找到一個最佳的視角，那麼透過這個視角，我們就能夠看清一個人的真實面目。這時，我們就像把他放到了光線底下一樣，從我們特定的視角能把他的缺點和短處都看得清清楚楚。

在實際生活中，我們可能都看見或經歷過這樣的事情：在學校裡，有些品學兼優的學生很讓人羨慕，但是，當他們走出校門，步入社會後，反而不如那些原來認為比較遲

鈍、比較笨的學生成就突出。這是因為原來學校裡的佼佼者，雖然掌握了很多書本知識，但在嚴酷的現實問題面前往往束手無策，而那些相對較笨的學生之所以能夠出人頭地，就是因為他們擁有一種非常頑強執著的精神。要想獲得成功，就要像牛馬那樣含辛茹苦的工作，即使是那些前途不可限量的天才人物，也不能忽略微小而又有重要影響的細節。

莎士比亞堪稱是掌握機智與常識的典範，他的劇作內容豐富，包羅萬象。上至王公大臣，下至販夫皂隸，各種高低貴賤，無論膚色黑白，思想深刻或是單純，品行高潔還是齷齪，弄臣小醜還是紈絝子弟，各種性格，各種熱情，凡是他視野中的一切，都能被他融入到他的作品中去。

機智比能力還重要

一次，一個旅行家對一個猶太人說：「你們猶太人聰明、機智，而且非常擅長經商，無論在美國還是歐洲都獲得了顯赫的地位，而且，這種地位看來十分牢固。」

「您說得很對，有些人是做得十分出色，」猶太人回答道，「但是，你為什麼老是提及他們經商的能力呢？」

「難道你不認為經商是一種能力嗎？」

「能力？不，您說錯了，那是一種天才。讓我來告訴你二者在商業上的區別吧。你去一家商店，把主人需要的貨物推銷給他，這是能力；可是如果你把主人不需要的貨物也推銷給他，那你就是天才了。難道你不認為我們猶太人就是這樣的天才嗎？」

約翰．阿斯特（John Astor）是美國的大商人，他也是個極有機智的人。一次，他搭乘的輪船在海上突然遭遇了暴風雨。這時，船上的乘客以為即將遭遇不測，絕望之中一個個都跑上了甲板。只有年輕的阿斯特仍然安安靜靜的躺在船艙裡，而且換上了最貴重的衣服。他心想：即使輪船不幸沉沒，若能僥倖獲救，至少還保留了一件貴重的衣服，損失也能減少一些。

保持自我本色才能有個性

一個人最糟的是不能成為自己，並且在身體與心靈中保持自我。

你在這個世界上是一個嶄新的、獨一無二的自我，為此而高興吧！

不管好壞，你只有好好經營自己的小花園，也不論好壞，你只有在生命的管絃樂中演奏好自己的一份樂器。

美國北卡羅萊納州的愛迪斯．阿爾雷德是一個極為敏感羞怯且胖乎乎的女孩，她的母親非常古板，認為她把衣服穿得太漂亮是一種愚蠢，而且衣服太合身容易撐破，不如做得寬大一點。正因為如此，阿爾雷德從不參加任何聚會，也沒有什麼值得開心的事。上學後，她也不參加同學們的任何活動，甚至運動項目也不加人。原因是，她總覺得自己跟別人「不一樣」。

長大後，她嫁了一位比她大幾歲的先生，但她還是沒有任何改變。她丈夫的家是一個穩重而自信的家庭。她想要像他們那樣，但就是做不到。她努力模仿他們，也總是不能如願。他丈夫也幾次嘗試幫她突破自己，卻總是適得其反，她越來越緊張易怒，害怕見到任何朋友，甚至一聽到門鈴聲都會驚慌！後來她是徹底的失敗了。她害怕丈夫有一天會發現真相，所以每次在公共場合，她都盡量顯得開心，甚至裝得過了頭。最後她竟然想到自殺。

但她終於沒有自殺，而是很好的活了下來。

那麼是什麼事改變了這位幾乎自殺的婦人呢？只是一句偶然的話。

保持自我本色才能有個性

有一天，她的婆婆和她談到她是如何教育子女的，她說：「不論遇到什麼事，我都堅持讓他們保持自我本色……」「保持自我本色！」這幾個字像一道靈光閃過阿爾雷德的腦際，她發現所有的不幸都起源於她把自己套入了一個不屬於自己的模式中去了。

一夜之間她變了！她開始保持自我本色。她首先研究自己的個性，認清自己，並找出自己的優點。她開始學會怎樣配色與選擇衣服樣式，以穿出自己的品味。她也開始主動交結朋友，並加入一個團體——雖然只是一個小團體。

當他們請她主持某項活動時，她剛開始很害怕。但是透過每次上臺，她都得到了更多的勇氣。儘管這是一段相當漫長的過程——但現在她比過去快樂很多。

模仿他人的現象在好萊塢就相當嚴重。好萊塢著名導演薩繆爾．伍德（Samuel Grosvenor Wood）曾說過，最令他頭痛的事，是幫助年輕演員克服這個問題：保持自我。他們每個人都想成為二流的拉娜．特納（Lana Turner）或三流的克拉克．蓋博（Clark Gable），「觀眾已經嘗過那種味道了，」薩繆爾．伍德不停的告誡他們，「他們現在需要點新鮮的。」

薩繆爾．伍德在導演《別人，希普斯先生》和《戰地鐘聲》等名片前，好多年都在從事房地產，因此他培養了自己的一種銷售員的個性。他認為，商界中的一些規則在電

影界也完全適用。完全模仿別人絕對會一事無成。「經驗告訴我，」山姆．伍德說，「盡量不用那些模仿他人的演員，這是最保險的。」

威廉．詹姆斯（William James）曾說過：「一般人的心智慧力使用率不超過百分之十，大部分人不太了解自己還有些什麼才能。與我們應該取得的成就相比，其實我們還有一半以上是未醒著。我們只運用了身心資源的一小部分。人往往都活在自己所設的限制中；我們擁有各式各樣的資源，卻常常不能成大事者的運用它們，即然你我都有這麼多未加開發的潛能，又何必擔心自己不像其他人。遺傳學告訴我們，你是由父親和母親各自的二十四條染色體組合而成，這四十八條染色體決定了你的遺傳，每一條染色體中有數百個基因，任何單一基因都足以改變一個人的一生。你在這世上是獨一無二的。以前既沒有像你一樣的人，以後也不會有。」

即使你父母相遇相愛孕育了你，也只有三百萬億分之一的機會有一個跟你完全一模一樣的人，換句話說，即使你有三百萬億個手足，他們也都跟你不同。這只是猜測嗎？當然不是，這完全是科學的事實。如果你不相信，那就讀讀這方面的書。

做你自己！這也是美國作曲家歐文．柏林（Irving Berlin）給後期的作曲家喬治．蓋希文（George Gershwin）的忠告。柏林與蓋希文第一次會面時，已聲譽卓越，而蓋希文卻只是個默默無名的年輕作曲家。柏林很欣賞蓋希文的才華，以蓋希文所能賺的三倍薪水請他做音樂祕書。可是柏林也勸告蓋希文：「不要接受這份工作，如果你接受了，最多只能成為個歐文．柏林第二。要是你能堅持下去，有一天，你會成為第一流的蓋希文。」

蓋希文接受了忠告，並漸漸成為當代極有貢獻的美國作曲家。

像查理．卓別林（Charles Chaplin）這樣的人，以及其他所有的人都曾經學到這個教訓，而且多數人得先付出代價。

卓別林開始拍片時，導演要他模仿當時的著名影星，結果他一事無成，直到他開始成為他自己，才漸漸成大事者。鮑勃．霍伯（Bob Hope）也有類似的經驗，他以前有許多年都在唱歌跳舞，直到他發揮自己的才能才真正走紅。

你在這個世界上是一個嶄新的、獨一無二的自我，為此而高興吧！歸根究柢，稀有的藝術都是一種自我的體現，你只能唱你自己、畫你自己。你的經驗、環境和遺傳造就了你。不管好壞，你只有好好經營自己的小花園，也不論好壞，你只有在生命的管絃樂中演奏好自己的一份樂器。

第三章　個性的控制

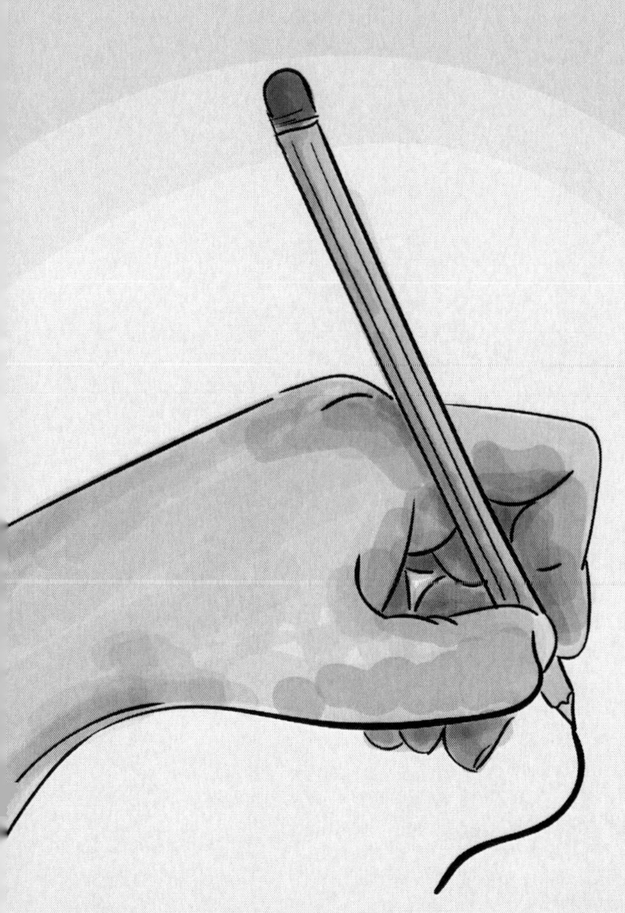

控制情緒的要訣

每個人的情緒都會時好時壞。戴爾．卡內基（Dale Carnegie）說：「學會控制情緒是我們成功和快樂的要訣。」實際上沒有任何東西比我們的情緒也就是我們心裡的感覺更能影響我們的生活了。

人們每有所失如友情、愛人和自尊心等就覺得傷心。你覺得傷心時，應設法找出失去的是什麼？這種喪失對你有什麼影響？所喪失的曾經滿足你哪些需求？失去了今後能在哪裡取得補償？你覺得傷心，而且知道是誰令你傷心，應該怎麼辦？如果可能，就去找那個人當面直說他傷害了你、怎樣傷害了你和為什麼你有這種感覺。為什麼告訴他？因為不論你是否喜歡，你的情緒一定要以某種方式發洩出來。倘若不向引起你情緒惡劣的人發洩（向他發洩是應當的），這些惡劣情緒就會隨時隨地發作。往往發作的地點與時間都不對。妻子不在吃飯時向丈夫說出真心話，而在廚房裡摔盤子，就是例子。最好是在情緒開始惡劣時就向引起你這種情緒的那個人說明。

人們在恐怕受傷害或有所喪失時就會變得焦急（憂慮、恐懼、緊張）。十七歲的瓊安在她母親進醫院檢查和接受小手術時，家人為了不想讓她擔心，對她母親的病況諱莫如深。瓊安唯恐會有最不幸的事發生，開始懷疑每個打來的電話都可能傳達壞消息。她非常焦急，僅能勉強應付學校和家裡的工作。最後別人把她母親的真相告訴了她，她便覺得好過多了。

如果你感覺焦急，就應設法確定你恐怕喪失的是什麼——是不是別人的愛或照顧？是你對境況和對自己本身的控制？還是你自己做人的自尊心和價值感？想一想有什麼能幫助你防止損失，或幫助你準備應變。

不要因為想來太可怕而把它撇開。躲避你所怕的事，只能把事情弄得更糟，問題更難解決。

倘若有人觸怒了你，立刻對他講明，大多數人都會表示歉意而仍要和你繼續做朋友。

憤怒不能適當發洩，就會轉頭過來進攻你自己。一個人對自己發怒時，他就發生內疚而對每一件不順遂的事都歸咎自己。例如他可能以為自己未臻理想而使人失望。即使他覺得自己太無能而不敢替自己申辯，他還是可能會私下認為別人對他期望太高而憤恨他們。

你怎樣對付內疚？只要記住大多數內疚來自壓抑的憤怒，而憤怒又是因心靈受傷害而產生的，那麼解決的辦法應該是查出心靈所受的傷害，並找出造成傷害的原因，再把

憤怒引回原來它應該發洩的地方。

一切情緒，尤其是不愉快的情緒，都必須等它消了才會好。動感情是消耗精力的。如果我們把精力花在驅除不愉快的心情上，便不可能有剩餘精力來應付生活本身的需求。

排除「制約」干擾的刺激

假定你正坐在屋子裡看書，這時候電話突然響了。基於習慣和經驗，這是一種信號，你已經學會了服從。你連想都不想，也沒有決定什麼，就有了反應。你會從座位上跳起來，走到電話旁。外在的刺激已經使你產生移動，它已經改變你的精神傾向和情勢，或者決定你的行動方向。你本來計劃看一小時的書，現在由於外在的刺激而突然改變了。

「為了保持平靜的心情，」心理學家說：「你不要去接聽，不必服從它。只要你願意，你可以不理它，繼續安靜的坐著，拒絕反應。」如果心裡有這種清晰的影像，可以幫你克服外在的騷擾。想像自己安靜的坐著，讓電話鈴繼續響，不理它的信號、不聽它的命令。雖然你注意到它，卻不服從它。你也要清楚的了解外在的信號對你沒有控制力，不能使你移動。你過去服從它，產生反應，純粹出於習慣。只要你願意，你可以養成不反應的新習慣。

另外你還要注意你沒有產生反應，並不是「你做了一件事」、表現一種努力，或抗拒、掙扎，而是由於「什麼都沒有做」——完全放鬆。你要盡量放鬆，不去理它，不要聽它的使喚。

跟你對電話響聲的反應情形一樣，我們都被環境裡的各種刺激制約，而進行某種方式的反應。

排除「制約」干擾的刺激

「制約」這個詞在心理學界是出自巴夫洛夫（**Ivan Pavlov**）的著名試驗。在試驗時他搖過鈴聲以後才拿食物餵狗，「制約」之後，這隻狗聽到鈴聲就流口水。這個過程是：首先搖鈴，幾秒鐘後拿出食物，重複多次以後，這隻狗「學得了」聽到鈴聲的反應就流口水，以期盼食物。開始時，這個反應是合理的：鈴聲表示食物將要來到，狗的流口水就是準備要吃。然而這個過程重複多次以後，不管食物有沒有馬上來到，只要鈴聲一響，這隻狗就會流口水。這隻狗被「制約」，於聽到鈴聲就流口水，這種反應是無意義的，也沒有什麼目的，但是出於習慣，它還是如此反應下去。

我們受到「制約」的各種環境中，有很多「鈴聲」或擾人的刺激，而出於習慣我們

都不斷的反應，不管反應是否有意義。

只要練習輕鬆，不要練習反應，我們就可以消滅制約的反應。如果願意，我們可以像電話響的情況一樣，學習不理睬「鈴聲」，而繼續坐著「讓它響」；我們隨身必備的關鍵思想是對自己說：「電話正在響著，但我不是非接不可，我可以讓它一直響下去。」這個思想將可以「打開」你自己的心理圖畫——靜靜坐著，輕輕鬆鬆，不加反應，不做什麼事，不知不覺的讓電話響著。

在消滅制約反應的過程中，一個人也許會覺得很難完全不理會「鈴聲」，尤其是那些預料不到的電話。在這個時候，藉著拖延你的回應，你還是可以達到你的最終目標——消滅制約。

拖延反應，可以擾亂、粉碎制約的自動發生。

當你被惹得要發怒的時候「從一數到十」也是基於這個原則。如果你能慢慢的數，實際你就是在拖延反應，「從一數到十」的確是個好忠告，而不要一味的抑制自己不去發怒、喊叫或捶打桌子。憤怒的「反應」不只包括喊叫或捶桌子，肌肉緊張也是其中的一項反應。如果你的肌肉保持完全的輕鬆，你不可能「感到」憤怒或恐懼的情緒。因此，如果你的「憤怒感」能拖延十秒鐘，並且拖延一切的反應，你就可以消滅自動的反射。

拋掉不快樂的記憶

注意力會影響我們對於事實的認知，因而我們應當好好控制自己的注意力，免得不小心而被戲弄了。

如果你召開一次業務會議，結果其中有一位主管未能及時到場，這時你心中的感受就取決於你的注意力所在。在你心中對於他之所以不能到場持什麼樣的看法呢？是他根本就不在乎這場會議，還是他碰巧遇上了什麼困難？這就要看你是從什麼角度去看了，你用什麼樣的注意力，就會造成什麼樣的情緒。如果說他不能及時到場，是因為正和別人如火如荼的談到一筆大生意，你卻因不知情而發火他不在場，待日後知道真相時那如何是好？別忘了，我們的注意力往往會決定我們的情緒，所以最好不要動不動便貿然下結論。

要想控制注意力，最有效的方法便是借助於提問題，因為你提出什麼樣的問題，頭腦便立刻會回覆有關的答案，也就是說你找尋什麼就會得到什麼。如果你提出的問題是「這個人為什麼要占我的便宜？」這時你的注意力便會放在找尋被占了哪些便宜上，也不管這個人是不是真的占了你的便宜；相反的，若是你問道：「我怎麼才能改變不利的狀

態呢？」這時你就會去想一些能使你扭轉局面的辦法。提出問題是改變人生極具威力的一個利器，是開啟我們無限潛能的一把鑰匙，是改變我們情緒最有效且最簡單的一種方法，能在極短時間內扭轉我們人生的方向。

當生活中發生了什麼問題，要把注意力放在尋求解決辦法上，也就是朝向所要的結果上，可千萬別把注意力放在讓你害怕的方向上。

許多人都有心想改變自己的感受，可就是不知道怎麼做。其實要改變自己對任何事的感受，最快的方法就是改變你的注意力，就像是如果你覺得自己很窩囊，很容易就能有這種感覺，是吧？只要你回想過去發生在自己身上的臭事，並且使勁的想，沒多久你就會覺得自己夠窩囊的了。

想來可笑，若一部電影很糟，不知道你會不會一再去看？我相信絕不會，可是為什麼你卻經常在自己的心裡放映這種爛片呢？當你一這麼做，很容易就會使自己掉進窩囊的感覺裡，我們得特別留意注意力的焦點。就算是情況真的很糟，我們也必須把注意力放在自己能做、能掌握的部分上，這樣才能鼓起你繼續做下去的毅力。

如果你想讓心情馬上好起來，那也很容易，只要把注意力放在曾經使你快樂的事情上，不管是跟你的家人、朋友或任何人都行。你也可以把注意力放在未來的美夢上，提早感受你將來成功時的興奮與快樂，那可以帶給你拿出行動去付諸實現的幹勁。

我們的一生有太多地方可以去注意的了，隨便你怎麼去看，但為何偏偏就是有那麼多人只看負面而無法控制的那一面呢？

我們都必須記住，當生活中發生了什麼問題，要把注意力放在尋求解決辦法上，也就是朝向所要的結果上，可千萬別把注意力放在讓你害怕的方向上。你越是去想的，就越是會碰上。

為了把注意力放在尋求解決辦法上，可以先把所有的事實寫下來，再做分析，事情會容易得多。事實上，只是在紙上記下很多的事實，把我們的問題明明白白的寫出來，就可能有助於我們得到一個很合理的決定。正如查爾斯（Charles Giedlin）所說的：「只要能把問題講清楚，問題就已經解決了一半。」

一次又一次的經驗證明，漸漸的做成決定的確有莫大的價值。我們都是因為不能達到既定的目的和不能控制自己，老在一個令人難過的小圈子裡打轉，才會精神崩潰和生活難過。

而一旦很清楚、很確定的達成一種決定之後，百分之五十的憂慮都會消失，而另外百分之四十，通常也會在按照決定去做之後消失。

拋掉不快樂的記憶

一旦達成決定，當天就要付諸實行，同時要完全不理會責任問題，也不必關心後果。」他的意思是說——一旦你以事實為基礎，達成了一個很小心的決定，就付諸實行，不要停下來再重新考慮，不要遲疑、擔憂和猶豫；不要懷疑自己，否則會引起其他的懷疑；不要一直回頭去看。

要具有精益求精的品格

人們為了保護自己的勞動果實，想出了各種各樣的辦法，申請專利和使用防偽商標就是現在在人們普遍採用的防護手段，但這還不足以造成保護作用。實際上，最有效的保護方法不是採取這些被動的防護措施，而是要採取主動態勢，那就是創造一流的品格。

史特拉第瓦里就不需要在這方面耗費精力，因為他的小提琴的品格是一流的，沒有任何一個人肯為仿造他的小提琴而耗費精力、人力、財力，那些造假者為製造價格低廉獲益豐厚的樂器而樂此不彼，他們根本不可能像史特拉第瓦里那樣肯花費整月整月的時間去製造一把小提琴，而這正保護了史特拉第瓦里小提琴應有的榮譽和地位。換一句話說，是史特拉第瓦里高水準的技藝和他的誠實、責任感及勤奮真正有效的保護了他的小提琴不被仿造。

人們已把名字與誠實、信任、可靠、高品格劃上了等號，名字就是最好的商標，人們總是心懷敬意的談論它們。

可並不是所有的名字都能獲得人們的敬意，那些靠劣質商品、虛假笑臉、信誓旦旦的承諾欺騙人們的個人或企業就要遭到人們的鄙視，人們不再把信任的目光投向他們，不再把鈔票投向他們，他們最終也定會走投無路。人們是喜愛真誠、真實的，不論是商品還是人，人們對貨真假實的喜愛是發自內心的，同樣，人們對那些劣質、虛假的鄙視也是發自內心的。

這兩種獲得人們截然相反態度的人，一種人為追求高品格、高信譽而奮鬥不已；而另一種人為製造假冒、偽劣產品，販賣偽劣產品而同樣奮鬥不已，但是前一種人可以獲得人們的信任、愛戴，他們的業績也會受人矚目，甚至千古流芳，而後一種人卻遭到了人們的鄙視、憎恨，他們的名字也必將遺臭萬年。

虛假的害處很多，拿銷售高品格銀飾的蒂芙尼公司（Tiffany）和銷售冒牌銀飾的商店來說，銷售冒牌銀飾的商店雇員就不可避免的受到虛假的侵害。因為不管這些雇員是否

參與了製造和銷售那些假冒產品，他們總要和參與製造或銷售的人員打交道，這樣，耳濡目染，他們也學會了欺騙，他們的品格在一點點變壞。而類似蒂芙尼那樣貨真價實的商店，卻不會出現這種情況。

年輕人要提高警惕，不要深陷其中，只要你從事了這種欺騙消費者而獲取報酬的工作，哪怕是一點點，你都會覺得心虛氣短，挺不起腰桿做人。世上有那麼多高尚值得稱頌的事可以去做，你為什麼卻自甘墮落而毀了自己的前程？年輕人不要沉迷了，振作起精神，參與到那些製造高尚、製造尊敬的事業中來吧！

傾盡付出自己的全部熱情以求精益求精是一種相當可貴的品格，對我們前途的影響可謂深遠。平庸和優秀、一般和最好永遠不可相提並提，二者之間的差別實在巨大，我們不論在思想上，還是在實際生活中，無論是耕田鋤地，還是參與國家大政方針的制定，都應該保持一種積極向上的精神，不好以求好，好以求更好，這種要求進步的精神可以激發出我們內在的潛力，使我們的才華得以最大程度的發揮。

一旦我們擁有了這種好上加好、精益求精的精神，那我們的行為和氣質都會為之躍上更高一層境界，我們會堅守住內心的信念，我們不再心虛氣短，敢於面對任何的詰問與責難，因為我們與虛假無緣，我們做到了問心無愧。力求至善的這種追求還讓我們有一種自我實現的滿足感，這種滿足感是那些行事散漫的人無法體會到的，更重要的是我們還會體會到工作的快樂，激發我們繼續向前，繼續力求至善、精益求精，那樣，我們的社會就更有希望了。

如果一個人能夠因為把一件工作做到完美或接近完美而激動不已，而心滿意足，那麼我們就認為他的這份快樂和滿足感是完全發自內心的。這份滿足感不會令他滋生驕傲情緒，反而會使他的各種才能得到最大程度的發揮，他的才能、情操、體質都會由此而得到有益的增長，這種增長又會加重他的滿足感，從而，形成了良性循環。

我有一個朋友對我幫助很大，他就是一個力求至善的人。他從小就要求自己認真對待每一件事，盡己所能完善每一件事，這成了他的生活準則。不管別人如何匆促、慌亂，也不管別人如何焦躁，他都不會因此而應付了事。一件事除非他不做，做就要盡己所能做到最好。在他給我寫的大量的信中，沒有一封信寫得倉促潦草，每一封都工工整整，看得出都是經過仔細潤色的。許多人都由於他獲得的許多成績而羨慕他、嫉妒他。實際上，他的卓越正是他做事力求完美的結果。這個好習慣給他帶來了不少好處，他的檔案中沒有做錯事的紀錄，與他打過交道的人都被他的真誠、坦言和幹事的認真勁所感動，他就是這樣一個追求卓越的人。

我們要培養自己養成做事善始善終的習慣，一件事既然已經有了好的開始，就要努力讓它有個好的結局。再者說，做事半途而廢就意味著失敗，更嚴重的是它會敗壞我們的品格。雖然說我們所做的事可能不被人所知，但我們心中自有一個評價尺度，當我們堅持做完一件事時，我們就會獲得良知所給予我們的讚揚：好樣的！真棒！完美的事，完善的人。而當我們做事半途而廢，我們則會獲得懶惰、不積極進取、不求上進的評價。我們不要忘記還有這樣一種勝利，你雖然努力堅持完成一件事，但事情仍沒有成功，但你仍然獲得了讚譽，這就是不勝而勝，是對你精神的獎勵。另外，更為重要的是你在堅持不放棄的過程中，有效的捍衛了你的自尊，這才是真正的勝利。

從對立面來看，如果我們做事漫不經心、敷衍了事而不及時覺醒，長此以往，我們良知的自我譴責就會越來越淡漠，最後會變得麻木、無動於衷，那時我們就會習慣於馬馬虎虎做事，敷衍了事做事，這種由壞習慣的養成上升為我們品格的敗壞，最終會毀掉我們美好的前程，我們的意志會漸漸變得不那麼堅定，心靈也會日漸頹廢。我們不再會精益求精的做一件事，我們會習慣於撒謊，表面上一套文章，背後裡一套文章，是我們經常採用的欺騙手段，最後，我們的這種行為一定會斷送我們的前程。

如果你下定決心全力以赴做好每一件事，不會半途而廢，品格上要求盡善盡美、精益求精，那麼你就不要擔心你的產品被仿冒，你的產品的品質就是最好最有效的專利商標。你的產品將會大量占據市場，而你也會獲得人們的尊重，人們都會以與你相識為榮。

追求完美，沒有止境，只要你堅守信念，不懈追求，無論多麼難的事情，在這種努力面前，最終都會被攻克，你也定會走向一個又一個輝煌。

培養樂觀主義精神

讓心中的希望之光永不褪色。

有這樣一則古老的寓言：在一個春光明媚的早晨，有一隻漂亮的鳥兒，站在擺動的樹枝上放聲歌唱，樹林裡到處迴蕩著它甜美的歌聲。一隻田鼠正在樹底下的草皮裡掘洞，牠把鼻子從草皮底下伸出來，大聲喊道：「鳥兒，閉上你的嘴，為什麼要發出這種可怕的聲音？」這隻歌唱的鳥兒回答說：「哦，先生，我總是忍不住要歌唱。你看，空氣是多麼新鮮；春天是多麼美好；樹葉綠的多麼可愛；陽光是多麼燦爛；世界是多麼可愛；我的心中充滿了甜蜜的歌，我無法不歌唱。」

第三章　個性的控制

「是嗎？」田鼠睜大眼睛不解的問道，「這個世界美麗可愛嗎？這根本不可能，你完全是胡扯！世界上的任何事情都是毫無意義的。我已經在這裡生活了這麼多年，我了解得很清楚。我曾經從各個方向挖掘，我不停的挖啊挖啊，但是，我可以告訴你，我只發現了兩樣東西，也就是草根和蚯蚓。再沒有發現過其他東西，真的，沒有任何可愛的東西。」

快活的鳥兒反駁說：「田鼠先生，你自己上來看看吧。從草皮底下爬上來，到陽光中來吧。你上來看看太陽、看看森林，看看這美麗可愛的世界，呼吸一下新鮮空氣。要是這樣，你也會忍不住流淚。上來吧，讓我們一起放聲歌唱！」顯然，快活的鳥兒和迷惑的田鼠代表了兩種不同的生活態度。實際上，人們對待生活和世界有三種不同的態度，這就是，悲觀主義，社會向善論和樂觀主義。第一種態度認為，世界從整體上來說，是糟糕透頂的。這可能是最不好的一種態度。這也是對我們所經常提出的一個問題「活著是否值得？人生是否有意義？」的負面回答。悲觀主義哲學認為在現實生活中獲得任何有價值的東西是根本不可能的，因為世界的本質就是衝突、無常、衰敗。毀滅。現實生活都只是幻覺，生活的意義和目的也是幻想。人類的最大的幻覺是認為自己來到人世是為了享受生活。持這種生活態度的人，往往放棄個人的努力和奮鬥，得過且過，聽任命運的安排與擺布，以各種藉口自欺欺人。這樣的人是生活中的懦夫。

第二種態度是持社會向善論的社會改良主義者。這種哲學觀點比悲觀主義大大前進了一步。在承認悲觀主義的大部分觀點的基礎上，社會改良主義者認為世界正在變得越來越美好，而且生活也在不斷的提高。但整體來說，世界並不是糟糕透頂。現實情況可能不是太好。我們對大自然了解得越多，我們對人生的多重意義看得越透徹，我們就越來越傾向於相信造物主的智慧及人生的深刻意義和目的。這種學說的觀點可以概括為一句家喻戶曉的詩詞：「當迷霧散去的時候，我們應該彼此更加理解。」即使是牙痛，可能也是對人很有好處的。不管怎麼說，在人類生活中，歡樂總是比痛苦多，幸福總是比不幸多。否定人生的目的和意義，是缺乏理性的。因為在某一方面我們失去了，在另一方面我們會得到，我們會獲得滿足。一點不錯，世界是美好的，生活是有意義的，而且，這兩方面的狀況越來越好。

第三種也就是最後一種人生態度是樂觀主義。這種學說認為，世界已經是非常美好。它指出，不管從哪一方面來看——人們的身體狀況、社會狀況、道德狀況，都已經非常不錯。樂觀主義者認為，儘管世界上還有邪惡的東西存在，任何事物的發展還是與我們追求完美的理想是和諧一致的，世界上存在著真善美。人們正是透過邪惡去發現和

第三章　個性的控制

選擇美好的東西的；人們也正是透過遭受痛苦和做出艱苦的努力來達到最高的幸福的。

只有在現實世界中，我們才能發現法律和社會統一、團結一致的意義。「世界的公正不是在假想之中，而是在已有經驗的事實之中；不是在理想之中，而是在現實生活之中。」有足夠的事實可以說明，生活，正因為它的實在性與潛在性，充滿著希望而又令人振奮，它才有意義。所以，在現實生活中的樂觀主義態度，正是體現了對生活、對世界的勇敢精神和生命的意義所在。「人們心中的希望體現了永恆。」

就像鳥兒對田鼠說的一樣，我們也可以對那些悲觀主義者說：「出來看看吧，先生。看看這明媚的陽光，看看這可愛的世界，你會感覺到一切都是美好的。」這樣，你就會懂得生活的意義，懂得生活中各種煩惱和痛苦對於人生的意義，你就會懂得眼淚的真正內涵。每一種逆境都蘊含著等量價值的種子。生活中的痛苦經驗、我們所遭受的各種挫折。所付出的代價，幫助我們更好的去感受世界的吸引力和神奇。它使得我們對虛無飄渺的來世作更多的、更深的思考。事實上，懲戒和考驗並不是我們所理解的只是在上帝面前，只是在離開塵世之後。它在現實世界中也是到處存在的。我們知道，自然狀態的鐵礦石是毫無用處的。但是，如果把它放人熔爐，經過冶煉；然後，放人熔爐，進一步提純；再進行錘煉和高溫鍛冶；把它放人一個滾筒模型之中，最後，它就可以製成一隻火爐。假如鐵礦石也有感覺和靈魂的話，毫無疑問，它一定會詛咒這種冶煉及其殘忍性的。然而，正是這種烈火焚燒、反覆錘煉的過程，賦予了自然狀態的鐵礦石以價值，使得它有可能變得可貴和有價值。人們常說：「真金不怕火煉」，經過烈火檢驗的金子更為可貴。

人的精神世界也是如此，當厄運降臨到自己頭上時，不要驚惶失措，而要把它看作是學習、成長的機會；在生活中遇到艱難困苦時，不要怨天尤人，而要把它看成是對自己的挑戰、考驗和鍛鍊。正是在生活中經歷了各種苦難，人才獲得了在某一方面的特別的才華或品格，才能感悟生命的真諦與智慧，才會覺得生命更加可貴，更值得珍惜。在《聖經》中，約伯正是歷經了各種磨難和危險，才培養出超乎常人的忍耐力；保羅正是因為有了坐牢的經歷，才使得心中的希望之火燃燒得更加熾熱，使他的人生經歷更加豐富。人生的磨難和痛苦是精神的最高境界，經歷了這些過程的人，他們不會再感到悲觀失望，他們心中的希望之光永遠不會褪色。

學會感恩和知足

培養樂觀、豁達的性格

查斯特．菲爾德爵士（Philip Dormer Stanhope）說：「性格對於一個人的生活有著極為重要的影響。性格好的人總能看到生活中好的東西，對於這種人來說，根本就不存在什麼令人傷心欲絕的痛苦，因為他們即使在災難和痛苦之中也能找到心靈的慰藉，正如在最黑暗的天空中，心靈總能或多或少的看見一絲亮光一樣。儘管天上看不到太陽，重重烏雲布滿了天空，但他們還是知道太陽仍在烏雲上，太陽的光線終究會照到大地上來。」

這種使人愉悅的性格不會遭人妒忌。具有這種性格的人，他們的眼裡總是閃爍著愉快的光芒，他們總顯得歡快。達觀、朝氣蓬勃。他們的心中總是充滿陽光。當然，他們也會有精神痛苦、心煩意躁的時候，但他們不同於別人的就是他們總是愉快的接受這種痛苦，沒有抱怨，沒有憂傷，更不會為此而浪費自己寶貴的精力，而是拾起生命道路上的花朵，奮勇前行。

我們一刻也不能認為這種人意志薄弱，缺乏理智和思想。這種人的最顯著的性格特點就是天性愉快、樂觀、友愛，對前途充滿希望，值得信賴。他們見識非凡，目光敏銳，他們最先突破厚厚的烏雲看到了一束亮光。他們善於從目前的災禍中看到未來的希望；當疾病纏身的時候，他們知道經過自己的努力，身體終會恢復；在生活的艱苦磨練中，他們學會了遵守紀律，善於改正錯誤，總結經驗教訓；在痛苦和挫折面前，他們總是鼓起勇氣，從不退卻。正是在與困難和挫折作鬥爭的過程中，他們學到了許多知識，懂得了生活之艱辛。

儘管這種愉快的性格主要是天生的，但正如其它生活習慣一樣，這種性格也可以透過訓練和培養來獲得或得到加強。我們每個人都可能充分的享受生活，也可能根本就無法懂得生活的樂趣，這在很大程度上取決於我們從生活中提煉出來的是快樂還是痛苦。我們究竟是經常看到生活中光明的一面還是黑暗的一面，這在很大程度上決定著我們對生活的態度。任何人間生活都是兩面的，問題在於我們自己怎樣去審視生活。我們完全可以運用自己的意志力量來作出正確的選擇，養成樂觀、快樂的性格，而不是相反。樂觀、豁達的性格有助於我們看到生活中光明的一面。即使在最黑暗的時候也能看到光明。

具有樂觀、豁達性格的人，無論在什麼時候，他們都感到光明、美麗和快樂的生活就在身邊。他們眼睛裡流露出來的光彩使整個世界都溢彩流光。在這種光彩之下，寒冷會變成溫暖；痛苦會變成舒適。這種性格使智慧更加熠熠生輝，使美麗更加迷人燦爛。快樂的心情像一股永不枯竭的清泉，有人把快樂的心情稱為蔚藍的大空，快樂的心情就是一首沒有歌詞的永無止境的歡歌。它使人的靈魂得以寧靜，使人的精力得以恢復，使美德更加芬芳。人的精神、靈魂、美德都從這種愉悅的心情中得到滋潤。

追求豁達、樂觀，矚目生活中光明的一面很久以前，為了開闢新的街道，倫敦拆除了許多陳舊的樓房。

然而新路卻久久沒能開工，舊樓房的廢墟晾在那裡，任憑日晒雨淋。

有一天，一群自然科學家來到這裡，他們發現，在這一片多來未見天日的舊地基上，這些日子裡因為接觸了春天的陽光雨露，竟長出了一片野花野草。

奇怪的是，其中有一些花草卻是在英國從來沒有見過的，它們通常只生長在地中海沿岸國家。這些被拆除的樓房，大多都是在古羅馬人沿著泰晤士河進攻英國的時候建造的。

這些花草的種籽多半就是那個時候被帶到了這裡，它們被壓在沉重的石頭磚瓦之下，一年又一年，幾乎已經完全喪失了生存的機會。但令人感到意外的是，一旦它們見到陽光，就立刻恢復了勃勃生機，綻開了一朵朵美麗的鮮花。

其實，人的生命也是如此。一個人，不管他經受了多少打擊，也不管他經歷了多少苦難，一旦愛的陽光照耀在了他的身上，他便能治癒創傷，便能獲得希望，便能萌生出新的生機，哪怕是在荒涼惡劣的環境裡，也依然能夠放射出自己的光和熱。

從許多人物傳記中我們可以知道，許多天才式的人物都是樂觀、豁達、心地坦然的人。他們蔑視權貴、淡泊名利，善於享受真正的生活，善於發掘蘊藏在生活中的無窮快樂。像賀拉斯（Horatius）、維吉爾（Vergilius）、莫雷拉（Moreira）、莎士比亞（Shakespeare）、塞凡提斯（Saavedra）等等都是樂觀豁達的人，在他們的偉大創造活動中洋溢著一種健康、寧靜的快樂。像這樣心地快樂、本性寬厚的人還有路德（Martin Luther）、培根（Bacon）、達文西（da Vinci）、拉法葉（Lafayette）等等。他們之所以總是充滿著幸福和快樂，也許正是由於他們總是忙於從事各種最快樂的工作——他們那富有的心靈總是充滿著創造的活力。

米爾頓（John Milton）一生歷盡無數的艱難困苦，但他始終樂觀、爽朗。他的眼睛意外的瞎了，他的朋友背棄了他，他連遭凶險，「前途一片黑暗，令人毛骨驚然的危險聲音在前面吼叫」，但米爾頓一點也沒有失去希望和信心，而是「振作起來，勇往直前」。

許多偉大的科學家都是十分勤勞、富有耐心而又樂觀豁達的人。像伽利略（Galileo Galilei）、笛卡兒（Descartes）、牛頓（Newton）和拉普拉斯（Laplace）都是這樣的人。數學家歐拉（Euler），也是世界上最偉大的自然哲學家之一，就是一個突出的例子。

如果我們心情豁達、樂觀，我們就能夠看到生活中光明的一面，即使在漆黑的夜晚，我們也知道星星仍在閃爍。一個心境健康的人，就會思想高潔，行為正派，就能自覺而堅決的摒棄骯髒的想法，不與邪惡者為伍。我們既可能堅持錯誤、執迷不悟，也可能相反，這都取決於我們自己。這個世界是我們自己創造的，因此，它屬於我們每一個人，而真正擁有這個世界的人，是那些熱愛生活、擁有快樂的人。也就是說，那些真正擁有快樂的人才會真正擁有這個世界。

享受生活中的每一次喜悅，讓自己快樂

查斯特．菲爾德爵士指出：「人是需要享受生命的。無論你多忙，你總有時間選擇兩件事：快樂還是不快樂。早上你起床的時候，也許你自己還不曉得，不過你的確已選擇了讓自己快樂還是不快樂。」

有一位老師教小學生寫作文，題目是：「快樂是什麼？」一個小女孩寫道：「快樂就是在寒冷的夜晚鑽進厚厚的被子裡去。快樂就是讓自己快樂。」是的，快樂就是讓自己快樂。

歷史學家威爾．杜蘭特（Durant）希望在知識中尋找快樂，卻只找到幻滅；他在旅行中尋找快樂，卻只找到疲倦；他在財富中尋找快樂，卻只找到紛亂憂慮；他在寫作中尋找快樂，卻只找到身心疲憊。有一天他看見一個女人坐在車裡等人，懷中抱著一個熟睡的嬰兒。一個男人從火車上走下來，走到那對母子身邊，溫柔的親吻女人和她懷中的嬰兒，小心翼翼的不敢驚醒他。這一家人然後開車走了，留下杜蘭特深思的望著他們離去的方向。他猛然驚覺，原來日常生活的一點一滴都蘊藏著快樂。

我們大多數人一生中不見得有機會可以贏得大獎，如諾貝爾獎或奧斯卡獎，大獎總是保留給少數精英分子的。理論上來說，每個自由地區出生的孩子都有當上總統的機會，但是實際上我們大多數人都會失去這個機會。

不過我們都有機會得到生活的小獎。每一個人都有機會得到一個擁抱，一個親吻，或者只是一個就在大門口的停車位！生活中到處都有小小的喜悅，也許只是一杯冰茶，一碗熱湯，或是一輪美麗的落日。更大一點的單純樂趣也不是沒有，生而自由的喜悅就

夠我們感激一生的了。這許許多多點點滴滴都值得我們細細去品味，去咀嚼。也就是這些小小的快樂，讓我們的生命更可親，更可眷戀。

如果生命的大獎落到你頭上，務必心懷感激。但即使它們與你失之交臂，也無須嗟嘆。盡情去享受生命的小獎吧！昨日的英雄只是今日的塵土，生命的大獎只是雪泥鴻爪，瞬間消逝，但是那些小小的喜悅卻是日常生活中俯拾即是，無虞匱乏的。人生的大喜畢竟少有，可是只要你睜大眼睛與心靈，到處都可以發現，那些小小的喜悅。

所有快樂的人都心懷感恩，不知感恩的人不會快樂

以寫《達到經濟自由的九個步驟》一書而成名並致富的歐曼（Robert John Aumann）自己買得起勞力士手錶和名牌服飾，開得起豪華跑車，也能夠到私人小島渡假，卻坦白承認他沒有滿足感，甚至有好友在旁她仍然感到寂寞。

歐曼說：「我已經比我夢想的還要富裕，可是我還是感到悲傷、空虛和茫然。錢財居然不等於快樂！我真的不知道什麼東西才能帶來快樂。」

所有快樂的人都心懷感恩，不知感恩的人不會快樂，而你期望越多，感恩心就越

少。在期望獲得滿足的一剎那，我們必須想到那絕不是必然的事，既然如此，感恩之心會增加我們的愉悅，也會使我們將來不至於不快樂。猶太教和佛教都教人隨時心懷感恩。猶太教徒凡事都要感謝上帝：為了盤中的食物。

清晨醒來、休假，甚至見到美麗的彩虹，都有感激上帝的頌詞。佛教徒「上報四重恩」（上師恩、國土恩、父母恩、眾生恩），當中的眾生恩也類似猶太教的感恩範圍，甚至更大。各行各業的人努力工作，我們才有一切衣食器具與避風寒的屋宇，天下各種動物、植物、礦物的生存，提供我們維持生命和賞心悅目的資源。

因此，我們要學會感恩和知足，只有這樣我們的生活才會真正快樂起來。

欣賞你做的一切，以你想過的方式去度過每一天

大約有百分之八十的就業人口每天一大早起床後，開始幫他們一點也不尊敬的人，做極度痛恨的工作。只為了一份微薄的薪水，耗去了他們如此日復一日長達四十到五十年的青春歲月！這是多麼令人吃驚又充滿警示性的統計數字。你屬於這群人中的一分子嗎？如果是，我要在這裡告訴你：「千萬不要成為這樣的人！」

你可能常聽到這種說法，你必須為任何享受到的成功付出代價。我也會對你說：對的。但是我另外想要讓你知道的是，為了「不」達到你人生想要的成功，你已經付出了相當的代價；為了「不」擁有你真正想要過的生活，你已經付出了代價；為了「不」成為你想要成為的人或做你真正想做的事，你也已經付出了代價。

不要選擇付出如此無謂的代價。

許多人認為成功的定義就是會有很多錢。但是金錢不是成功的最終目的，而只是幫助你實現成功的工具。你可以借由金錢實現成功，但擁有金錢或金錢的本身並不一定會使你成功。

僅憑金錢本身不能保證你會成功。擁有財富並不是成功的終點，不是要讓你從此以後枕著柔軟的枕頭，每天舒舒服服的躺在床上，一件事也不用做；或只是一天到晚享用無盡的美食。一個人的成功，在於能夠每天早上對自己說：「我等不及要面對這一天，我熱切的想知道前面的路上有什麼事物在等著我，我將會有所學習和成長。我願意正面迎向挑戰，也有把握贏得每天的戰役。我滿心期待我今晚能好好的躺在床上，有個美夢。我知道我是最棒的，我會盡我所能去迎接各種可能面臨的事物。」

許多人「做五盼二」（不情願的工作五天，祈盼著那兩天休息的日子）。他們從星期一工作到星期五，僅僅星期六、日兩天可以算是他們自己的日子。也就是說，他們一星期裡為別人辛勤工作五天，然後只有到了週末才算「擁有自己真正的生活」。

事實上，這些人七分之五的生命都悄悄的流失掉了。成功是每一天——無論這一天是一星期裡的任何一天——都全心全意擁抱生命，熱切的迎接每一個機會和可能的挑戰。

欣賞你所做的——無論這一無是星期二或是星期六——這就是成功！

一個人命運能夠成功、理想得以實踐的條件，是建立在你以你想過的方式去度過每一天。你能夠欣賞你做的一切，從中發覺具有的意義，從你和他人相處的人際關係中獲得滿足感，有一種充實的感受，並確信自己正朝向你的人生大道前進。

你曾否把快樂當成目標？你不可能只因決定「今天我要快樂」，或「今天我要比昨天更快樂」，就因而得到快樂。快樂絕不該是你生命的條件，想要因為加薪而得到快樂，無異是緣木求魚，快樂絕不可能是你所追求、努力，或奮鬥事物的結果。你可以由你的努力中期待許多報酬——財務上的安全、智慧上的刺激或是身心需要的滿足，但快樂不應該成為你的目標或爭取的目的。刻意追求它，是永遠得不到的。反而是當你不去在意它時，它卻幡然在你眼前出現。

大自然藉著它給你的教訓，為你帶來快樂，例如不要太嚴肅看待自己或人生，更常歡笑遊戲、不要把重心放在答案或解決方法上，而該更在意帶給你歡樂的事物。在快樂到來之際歡迎它，因為它是不請自來但你永遠期盼的奇妙禮物。快樂來自於活在當下，當你突然明白周遭微風拂過樹梢、枝頭彎折、山坡頂的薄霧，和明亮的天空全都是你的延伸之時，你就會感受到快樂。

學習享受現在擁有的時間、金錢與愛

如果天上的星辰一生只出現一次，那麼每個人一定都會走出去仰望，而且看過的人一定都會大談這次經驗的莊嚴和壯觀。傳媒一定提前就大做宣傳，而事後許久還大讚其美。星辰果真只出現一次，我們一定會早做準備，絕不願錯過星辰之美。不幸的是它們每晚都閃亮，所以我們好幾個月都不去抬頭望一眼天空。

正如羅丹（Auguste Rodin）所說的：「生活中不是缺少美，而是缺少發現。」不會欣賞每日的生活是我們最大的悲哀。其實我們不必費心的四處尋找，美本來是隨處可見的。

可惜的是，生活中的此時此地總是被忽略，我們無意中預支了「此刻的生活」。想一想吧，早上還沒起床時，你就開始擔心起床後的寒冷而錯失了被子裡最後幾分鐘的溫暖；吃早餐的時候你又在想著開車上班的路上可能會塞車；上班的時候就開始設計下班後怎麼打發時間；參加派對又在煩惱著回家路上得花多少時間了。

我們總是生活在下一刻裡。我們急著等週末來臨、暑假來臨、孩子長大、年老退休。等我們老時，我們真的也可以說是：「我真是等不及要去死了！」

我們一刻也不停的轉著。我們對塞車的公路亂罵髒話；我們在超市中像沒頭的蒼蠅，毫無耐性；我們對著電視不停的調換頻道；我們一直催促孩子動作快點。難道這是宇宙的報復嗎？我們毀了宇宙，宇宙就用時間來控制我們。

梭羅（Thoreau）說：「我們可以殺死時間而毫無後遺症。」我們確實在「殺」時間。這曾經是無所事事的說法，但現在我們是真的在摧毀我們的時間。我們的時間花在殺死靈性、殺死享受愉悅的能力上。我們過於自我中心，以為創立了人類有史以來一個最佳的文明，但我們根本沒有時間享受。這像是浮士德（Faust）與魔鬼的交換條件。

要充分享受你的時間，就一定要學會放慢腳步。當你停止疲於奔命時，你會發現生命中未被髮掘出來的美；當生活在慾求永無止境的狀態時，我們永遠都無法體會到更高

一層的生活。

享受生活的一個重要條件就是，你必須注意自己的所作所為，然後放慢腳步。匆忙總是讓我們出錯。你總是丟掉東西或者弄亂東西，結果不得不花時間整理。就像你開快車被警察攔住，浪費了本來想節省的時間。

因為我們總是在趕時間，沒時間與朋友談話，結果我們就變得越來越孤獨；因為忙碌，我們沒有時間反省，也沒時間注意身邊的事物。我們忙得沒有時間注意所有徵兆，連身體有病的早期徵兆都覺不出來；當我們急著買東西時，沒有時間傾聽那個小小的聲音：「我們真的需要這個新東西嗎？」

享受生活是幫助我們充實人生，幫助人生充滿活力的方法。但大多數人的大多數時候都不知道自己在幹什麼。我不否認適當的「白日夢」對人的心理健康有益。我們的問題在於，過多的沉溺於白日夢而忘記真實的生活。

我們必須擺脫對「下一刻」的迷思和幻想：它們有的不切實際，有的雖然是事實卻剝奪了我們此刻的生活。

擺脫不切實際的幻想可以讓你明白：生活不會適應你，而是你必須去適應生活。而且不是看你喜歡它變成什麼樣，而是原本它是什麼樣子你都得適應。與現實保持接觸可以幫助你就世界所能給予的去接納它，不會使你為它所無法給予的而扭曲它、錯怪它。丟棄對這個塵世的幻想和對你自己的幻想可以去除生活的悲慘成分，使你能真實的面對你該處理的問題。

「生活在此刻」就是享受你正在做的而不是即將做的事情，就如梭羅說的「吸盡精髓」。不要一邊吃飯一邊想著要干的工作，或者一邊吃一邊看電視。在吃東西的時候你最好是專注於所吃的東西，它的色澤、香氣、味道和營養。也許你需要一套飲食哲學——你需要知道自己是為歡樂而吃、為健康而吃還是為歡宴而吃，進而決定是吃肉、吃素或者其他。否則，你就對食物完全沒有感覺，更別提獲得什麼營養。

從白日夢裡走出來，學會欣賞和熱愛已經擁有的此刻的生活，本身就是一種成長。

清除掉自己的煩惱念頭和悲觀情緒

假設現在被厄運打垮，也應該把持著「過去已成過去，今後情況一定會變好」的心情。

對於失敗者來說，他們往往把周圍環境當中每件美中不足的事情放在心上，對周圍

事情的指責和負面念頭捆住了他們的手腳，使他們很難再去體驗歡樂。他們認為一切事情都要糟下去，而且不自覺的促使自己造成不愉快的局面，使他們的預言實現。

失敗者往往被「情緒包袱」壓得喘不過氣。他們總想著過去沒解決的問題和矛盾，一講話便是從前的災禍、現在的艱難和未來的倒楣。

對於失敗者來說，從來沒有一件事情是滿意的。當他們終於得到了所嚮往的東西的時候，他們又不再想要了；如果失去了的話，他們又一定要找回來。他們不斷重複老一套負面洩氣的想法，把不幸和煩惱作為生活的主題。他們覺得不幸和氣憤的時間太多。他們總是喜歡喋喋不休的發表負面言論。他們說洩氣話，指手劃腳，令人難堪，使別人同他們疏遠起來。

失敗者常常由於似乎難以解決的難題而挫傷情緒，失去活力，陷於失望，無所作為。在遇到麻煩和苦惱的時候，他們往往把精力用在責怪、牢騷和抱怨上。

失敗者說許多帶「不」字的話，例如不能如何、不要如何、不應該如何等等。他們最常用的形容詞是糟糕、討厭、可怕和自私。他們沒完沒了的指責別人為什麼不如何、怎麼沒有如何。

而成功者往往為自己四周的美好事物和自然的奇蹟感到歡愉。他們對於鮮花含苞待放、雨後空氣清新之類的小事也欣賞喜愛。

愉快樂觀的態度是成功者關鍵性的品格之一，他們把自己的思想和談吐引導為振奮鼓勁的念頭和看法。成功者體驗得到現實存在的美好事物。他們把過去當成借鑑參考的資料庫，把未來看做充滿無限希望、歡樂和誘人的境界。成功者看重他們所具備的愉快而有價值的條件，想出有創造性的辦法去爭取達到想要達到的其他目標。成功者能夠迅速解決問題，把處境當中的負面到最小程度，並且找出正面的因素來。他們致力於所處的環境中發現求得發展和學習的機會。

成功者喜歡同別人交往，不論自己有所收穫還是對別人有所幫助，都喜形於色。他們對參與了的活動都從好的方面加以評講談論，同別人相處的情景也很熱情。即使處於嚴峻的環境與災禍之中，成功者也會發掘出正向因素，鼓起勇氣向前跨步，使情況有所改善。

成功者感到煩惱不快的時候，會動手去扭轉所處的局面。他們知道，要過得順心愉快，責任在自己。

清除掉自己的煩惱念頭和悲觀情緒

成功者善於用「情緒吸塵器」清除掉自己的煩惱念頭和悲觀情緒。他們在不利環境中也設法發掘出正向因素來。他們在頭腦裡儲存的是「好、妙極了、親切、重要、喜歡、高興、了不起」一類的詞語。

黑暗的心情，會在心底播下不良的種子，所以只有不良的作用反覆的傳達下來。因此，還是要盡量以明朗的心情來努力比較好。

假設現在被厄運打垮，也應該把持著「過去已成過去，今後情況一定會變好的心情。這種將心中由黑暗改變成光明的方法，會慢慢的改變周圍的環境或條件。相反的，不想求改變，心裡一直失望的認為「我的環境不好，條件也不好」的話，就難以轉變成好的環境或條件。所以我們應該抱著「環境或條件雖然不好，我也要做做看」這種心情而去奮鬥。如此，就會在心底播下好的種子，並且由於這樣的作用，環境或條件就會慢慢的變好。

當然只靠明朗的心情努力是不夠的，還需要一邊努力並一邊有「我要做給你看」、「我很想做」、「我一定要做」的這種思想才行。希望和努力能夠為你打開一條又新又活的道路。

努力而無法成功的人也很多。原因之一是，不抱著「我一定要做給你看」、「我一定要成功」的心情去努力、努力，加上信念，並一直持續下去，總有一天你會踏上一條新的道路。本來被你認為「那麼厚重，大概沒辦法打破」的一道牆，總有一天會在你眼前突然崩潰的。

縱使身處苦難中，也能夠忘記苦難，這才是開拓新道路應具有的心情。

大部分人在一生中都曾經有過幾次失敗的經驗，但那些都已經成為過去了。未來將有什麼偉大的事業等著我們去開創是誰都無法預測到的。

憂慮是一種極大的精力浪費

現實生活中，有些人不管遇到什麼事情，總是首先啟動自己那根憂慮神經，為事情的過程擔憂，也為結果而憂。

現實生活中，有些人似乎染上了一種憂慮的不良習慣，他們不管遇到什麼事情，總是首先啟動自己那根憂慮神經，為事情的過程擔憂，也為結果而憂。

與內疚悔恨一樣，憂慮也是我們生活中常見的一種最負面而毫無益處的情緒，它們都是精神憂鬱最常見形式，是一種極大的精力浪費。當你悔恨時，你會沉湎於過去，由於自己的某種言行而沮喪或不快，在回憶往事中消磨掉自己現在的時光。當你產生憂慮時，你會利用寶貴的現時，無休止的考慮將來的事情。對我們每個人來講，無論是沉湎過去，還是憂慮未來，其結果都是相同的，你在浪費目前的時光。

有這樣一則故事：

「睡吧，別再胡思亂想了。」一個商人的妻子不停的勸慰著，她丈夫在床上翻來覆去，折騰了足有幾百次。「老婆啊，」丈夫說，「你是沒遇上我現在的罪啊！幾個月前，我借了一筆錢，明天就到了還錢的日子了。可你知道，我們家哪兒有錢啊！你也知道，借給我錢的那些鄰居們比蠍子還毒，我要是還不上錢，他們能饒得了我嗎？為了這個，我能睡得著嗎？」他接著又在床上繼續翻來覆去。妻於試圖勸他，讓他寬心：「睡吧，等到明天，總會有辦法的，我們說不定能弄到錢還債的。」「不行了，一點辦法都沒有了。」丈夫喊叫著。最後，妻子忍耐不住了，她爬上房頂，對著鄰居家高聲喊道：「你們知道，我丈夫欠你們的債明天就要到期了。現在我告訴你們一些不知道的事：我丈夫明天沒有錢還債！」她跑回臥室，對丈夫說：「這回睡不著覺的就不是你而是他們了。」

當凌晨三四點的時候，你還憂慮在心頭！全世界的重擔似乎都壓在你肩膀上，到哪裡去找一間合適的房子？找一份好一點的工作？怎樣可以使那個囉嗦的主管對你有好印象？兒子的健康、女兒的行為。明天的伙食、孩子們的學費……可憐！你的腦子裡有許多煩惱、問題和急待要做的事，在那裡滾轉翻騰！牆上糊的紙好不好？女兒的男友配得上她嗎？糧食會不會又要漲價了？可憐！你腦子裡的思緒東飄西蕩，你彷彿永遠不會再

憂慮是一種極大的精力浪費

人睡了！

不，你會睡著，只要你採取一個簡單的步驟，對自己說一句簡短的話，說上幾遍，每一次要深呼吸，放鬆！你要對自己說，同時心裡也要真的這樣想：

「不要怕。」

深呼吸，一切由他去！睜開眼睛，要輕鬆的閉起來。告訴自己：「不要怕。」要仔細想想這些有魔力的字句，而且真正相信，不要讓你的心仍徬徨在恐懼和煩惱之中。

請記住一點，世上沒有任何事情是值得憂慮的，絕對沒有！你可以讓自己的一生在對未來的憂慮中度過，然而無論你多麼憂慮，甚至憂鬱而死，你也無法改變自己的現實。還有一點，我們不能將憂慮與計劃安排混為一談，雖然二者都是對未來的一種考慮。如果你是在制定未來的計劃，這將更有助於你現在進行中的活動，你對未來有自己的具體想法與行動計劃。而憂慮只是因今後的事情而產生惰性。憂慮是一種流行的社會通病。幾乎每個人都花費大量的時間為未來而擔憂。

既然是如此負面而無益，既然你是在為毫無正向效果的行為浪費自己寶貴的現在。那你就必須消除這一個錯誤觀點。其實，對一般人來講，他們所憂慮的往往是自己無能為力的事情。無論是戰爭、經濟蕭條還是生理疾病，不可能因為我們一產生憂慮就自行

好轉或消除，作為一個普通的人，你是難以左右這些事情的。然而，在大多數情況下，你所擔憂的事情往往不如你所想像的那麼可怕和嚴重，也許想想辦法，或者變換一下環境，某些擔憂變得毫無必要了。

與其生氣發怒，不如保持冷靜

一個人愈是在意自己沒有辦法的事，他就會愈生氣，愈覺得事情無法控制。

生氣發怒所表示的是：你覺得自己沒辦法控制情況，不管情況是關於一個人遲到了、某件機器出現故障了或者碰上交通阻塞。憤怒的起因是由於你將注意力集中在你不能控制的事情上。一個人愈是在意自己沒有辦法的事，他就會愈生氣，愈覺得事情無法控制。

一位總裁因為下級未能準備好給董事會的報告而暴跳如雷，這種情緒使他無法冷靜下來思考補救方法。否則他可以讓對方確定究竟報告要遲交多久，他可以向與會的人解釋情形，或許另外再決定個會議時間；他也可以擬出另一個變通的計劃，將還在研究的計劃做個摘要的介紹。

解決憤怒的包圍，關鍵就是讓你的思維由控制不了的事物轉移到可以控制的方面。

與其生氣發怒，不如保持冷靜

當你碰到機器故障或同事遲到時，你犯不著大發脾氣，浪費自己的精力；相反的，你可以採取辦得到的行動，讓自己保持冷靜，在這種狀態下，你才能發揮控制力，使你付出的精力收到建設性的效果，而不是徒然消耗元氣，於事無補。

有些在你意料之外的事發生了，這是難免的。設想一下，遇到交通阻塞，所有車輛全都動彈不得。而你正要準備去參加一個很重要的會議，你心裡明白，就算這回到得了會場，也絕對遲到了。氣得你捶胸頓足，可是一點辦法也沒有。

後來，等你的頭腦清醒一點時，你自問：「我能夠把這種交通情況怎麼樣呢？」你的反應是：「沒辦法！這是我沒辦法控制的。」領悟到這個事實後，你會發現自己竟很不可思議的舒一口氣，整個人放鬆了，彷彿肩頭上突然卸下了千斤重擔。你的確沒有一點辦法讓公路恢復暢行無阻。

「好吧！」你對自己說，「那麼在這場混亂裡，我能做什麼呢！」

你決定把自己的展示說明預先演練一下，同時花些時間推想可能出席會議的人和他們要提出的討論事項。

等你把這些都想得差不多了，你順便瀏覽四周的人們。結果，當你抵達會場時，心情愉快，而且比以往準備得更充分。當別人對你的遲到顯現出不滿時，也由於你的心

情，很快就化解平息了。

由此可見，即使碰到意外情況，表面上看，似乎超出你的控制範圍，但是總會有一些你可以辦得到的事情幫你保持平靜，達到理智的情境。

學會喜歡自己

喜歡自己，是否像喜歡別人一樣重要呢？我們可以這麼說：憎恨每件事或每個人的人，只是顯示出他們的沮喪和自我厭惡。哈佛大學的心理學家羅伯特．懷特（Robert Wight），在其發人深省的著作《進步中的生命：有關個性自然成長的研究》中提到，現今有一種觀念極為流行，就是認為：「人必須調整自己，以適應周遭環境的各種壓力。」懷特博士繼續指出，這個觀念是基於一種理想，就是認為，「人能毫無問題的去適應各種狹窄的管道。」

單調的例行公事、強制性的規定及達成角色任務的種種壓力等等。但其採取的行動是否成功，則須看其是否具有拒絕、幫助成長或是改進角色的能力；並且要能創造、表現出正向的力量——換句話說，就是其成長過程當中，要具有創意性的方針和態度。

我們很少人有勇氣獨樹一格，或很清楚明了自己究竟擁護什麼主張。我們的行為通常受社交或經濟族群的影響，如衣、食、住或思考的方式，大概都與鄰居差不多。假如周遭環境與我們的個性格格不入，我們會變得神經質或不快樂，會感到失落和迷惑——會不喜歡我們自己。

為了學習喜歡自己，我們必須培養出面對自己缺點的耐心。這並不意味我們必須降低水準，變得懶惰、糊塗或不再盡心盡力。這表示我們必須了解一個事實：沒有人——包括我們自己——能永遠達到百分之百的成功率。期待別人完美是不公平的，期待自己完美則是愚蠢荒唐的。

要求自己時時保持完美是一種殘酷的自我主義。那表示：我們不能僅表現得和別人一樣好，而是要超越其他人，要像明星一樣閃閃發亮。我們的重點不是自我發揮，不是為了把事情弄好；我們注重的是要勝過別人，使自己達到傲視群眾的地位。

身為一個人，完美主義者也如同一般人一樣會犯錯，會失敗。但他們不能忍受這樣的狀況，因此會變得痛恨自己，不喜歡自己。

千萬別這麼苛待自己。有時候，我們要練習自我放鬆，取笑自己的某些錯誤，要學習喜歡自己。

除非我們能與自己好好相處，否則很難期待別人會喜歡與我們在一起。

獨處能使我們發現內在的休息港口，能有參詳的對象，是我們與外界接觸的基礎。

獨處能使人更客觀的透視自己的生命。《聖經》的詩篇裡有一句忠言：「要安靜，便可知道我就是神。」這話至今仍是忠言。獨處的確對我們十分有益處，就好像新鮮空氣對我們的身體極有幫助一樣。

假如我們要依賴別人才能得到快樂與滿足，則無疑為別人增添負擔，並影響到彼此之間的關係。要喜歡、尊重、欣賞我們自己，這不但能培養出健康成熟的個性，也能增進與他人相處的能力。

做管理情緒的高手

「心懷怨恨的人是一個刺客，但他也是一個自殺者。」有的人動輒哭笑，有的人則動不動就生氣；而有的人則能在必要的時候哭笑，並且表現得恰到好處。現實生活中，有些人是一種性情中人，如果任由自己的性情，可能會害了自己。

擺脫錯誤心態的束縛

帶著抱怨的心態，是無法找到自己的強項的。

很多人所信仰的觀點也是一種深入人的腦髓中最不幸的觀點，他們認為，由於他們從那些身體不健康的人那裡繼承了數百年以來代代相傳的缺陷，因此，他們不相信自己會有很棒的身體或良好的健康狀況。如果人染上的這種思想——一種束縛、弱化人的思想，他的身體器官和功能要是還能正常運轉，那才怪呢！要知道，身體是由數以萬億計的細胞緊密連在一起的一個集合體，因此，這些天文數字的細胞能迅速的受到每一種有害的思想、情緒或不幸的信念的感染和影響。

對人們的生命來說，健康才是正常的。而任何一種失調——健康受損、疾病和虛弱——都是不正常的，都是有違我們的本性的。新的思想會使人的身體細胞得到更新，會使人體的細胞充滿生機活力、富有青春氣息。而陳舊的思想、憂慮的思想、老化的思想和混亂的思想則會使人的身體細胞產生相應的變化。

如今，仍然有許多人比戰前非洲的奴隸受到的束縛還要多。現在有許多人竟然迷信到這種程度，認為不經意吸到的一口涼氣、打溼了的雙腳、任何引起「不安」的事物以

及各種各樣的迷信玩意，會對一個人產生極大的影響，甚至支配他的心靈；如今有些人對這類迷信玩意兒的恐懼，如同做慣了奴隸的人對他們的主人的恐懼。

如果這種人想外出旅行，想寫一部著作，想去法庭為一個案子作辯護，如果這種人想歌唱，想繪畫，他們必定會先「問問」他們自己的身體，如果他們的身體說「不行」，那麼他們就會放棄這樣的念頭；如果他們的身體說疲勞、倦怠或不適，他們就不會考慮自己此時此刻的責任，也不會考慮自己偉大的人生目標，他們必定會停下來，一直等到身體變好為止。

但是，在未來的歲月裡，人們將羞於談論自己身體的失調或虛弱。因為到了那時，身體上的失調和虛弱將被視作我們曾經造了孽的一個證據——至少是我們曾經在思想上造了孽；這種身體的失調和虛弱將被視作我們曾對他人持有不友好的可恥思想的一個明顯證據；這種身體的失調和虛弱將被視作我們有仇恨或怨憤思想的一個鐵證；這種身體的失調和虛弱也是我們自認為受到某種臆想的傷害而想「討還公道」的思想的一個鐵證；同樣，這種身體的失調和虛弱也是我們曾經以自私、嫉妒、不誠實的態度，或以某種不公正的方式利用他人的一個鐵證；這種身體失調和虛弱還是我們由於恐懼、憂慮或其他形式的心理失調而成了自我思想工害的犧牲品的一個鐵證；這種身體的失調而成了自我思想毒害的犧牲品的一個鐵證；這種身體的失調和虛弱也將被視作是我們生活不正當和有違於自然法的一個證據；或者說，這種身體的失調和虛弱是我們重蹈了祖先的覆轍——即讓人們的身體受邪惡的或不純思想的毒害，因而在某種程度上失去了自控力的一個鐵證。

要想獲得健康、幸福和成功，你必須心懷善意。除此之外，沒有其他任何一條道路可以通向真正的幸福和成功。

無論你經常想什麼，你往往最後就變成了那樣的人。如果你潛心於神聖的事物，如果你的思想專注於精神品格，那麼，你不僅會在精神上變得高尚，而且，你的品格也就會顯現在你的臉上，體現在你的行為舉止中。這樣，你甚至能從人群中輕而易舉的辨認出，哪個人是一個牧師，或哪個人是一個潛心於神聖事物的人。由於總是不斷的想像神聖的品格、神聖的事物，由於總是不斷的想像完美和諧與品格的完善，人們自己也就具有了他們心中所想像的那些特徵，他們本身也就成了完美與和諧的化身。一種在人的頭腦中占據支配地位的思想，無論是什麼，無論長期以來一直習慣性的思考什麼，總會流露在他們的臉上，顯現在他們的行為舉止中，體現在他們的談話中。因此，從一個人的外在表現，能夠發現他思想與情緒的痕跡。

你是否曾經意識到，人們可能讀懂寫在你臉上和刻在你行為舉止中的你的思想紀錄？你是否曾經意識到，你的面孔就是一塊公布你多年以來心中所思所想的布告牌？

「一個人往往將他的生活經歷寫在他的身體上，因而天使可以在他的身體上發現他的過去。」這是瑞典科學家和神學家史威登堡（Emanuel Swedenborg）的一句名言。

如果你主要的情感紀錄是一幅充滿貪婪、仇恨、自私和嫉妒的畫像，那世人也能讀懂。你也許會認為，你的這些思想都是祕而不宜的，但是實際上，這些思想全都展現在你的面孔這一塊顯眼的布告欄上。

做控制情緒的大師

隨意哭笑的情緒表現到底是好還是壞呢？有人認為，這是一種「率直」的性格，是一種很可愛的人格特徵。這麼說也不是沒有道理，因為喜怒哀樂都表現在臉上的人，別人容易了解，也不會對他持有戒心，而且，有情緒就發洩，而不積壓在心裡，這也有利於心理衛生，但說實在的，這種「率直」實在不怎麼適合在現實社會中行走。

不能控制情緒的人，往往給人一種不成熟或還沒長大的印象。

做管理情緒的高手

如果你仔細想想，只有小孩子才會說哭就哭，說笑就笑，說生氣就生氣，這種行為發生在小孩身上，大人會認為這是一種天真爛漫，但如果發生在一個成年人身上，人們就不免會對這個人的人格發展感到懷疑了，就算不當你是神經病，至少也會認為你還沒長大。如果你與這還沒有多大關係，如果已經做過好幾年了，或是已經過了三十歲，那麼別人會對你失去信心，因為別人除了認為你「還沒長大」之外，也會認為你沒有控制自己情緒的能力，這樣的人，一遇不順就哭，一不高興就生氣，怎能做成大事？這已經和你個人能力無關了。

一個人容易哭，會被他人看不起，被人認為是一種「軟弱」，容易生氣則會傷害別人。

哭其實也是心理壓力的一種緩解，可是人們始終把哭和軟弱連繫在一起。不過大部分人都能忍住不哭，或是回家再哭，但卻不能忍住不生氣。

其實生氣有很多壞處：

❖ 會在無意中傷害無辜的人，有誰願意無緣無故挨你的罵呢？而被罵的人有時是會反彈的；

❖大家看你常常生氣，為了怕無端挨罵，所以會和你保持距離，你和別人的關係在無形中就拉遠了；

❖偶爾生一下氣，別人會怕你，常常生氣別人就不在乎，反而會抱著「你看，又在生氣了」的看猴戲的心理，這對你的形象也是不利的；

❖生氣也會影響一個人的理性，對事情作出錯誤的判斷和決定，而這也是別人對你最大放心的一點；

❖生氣對身體不好，不過別人對這點是不在乎的，氣死了是你自己的事！

所以，在社會上行走，控制情緒是很重要的一件事，你不必「喜怒不形於色」，讓人覺得你陰沉不可捉摸。但情緒的表現絕不能過度，尤其是哭和生氣。如果你是個不易控制這兩種情緒的人，不如在事情發生，並引發你的情緒時，趕快離開現場，讓情緒過了再回來，如果沒有地方可暫時「躲避」，那就深呼吸，不要說話，這一招對克制生氣特別有效！一般來說，年紀越大，越能控制情緒，也不易被外界刺激引動情緒，所以你也不必太沮喪。

你如果能恰當的掌握你的情緒，那麼你將在別人心目中呈現一種「沉穩、令人信賴」的形象，你雖然不一定能因此獲得重用，或在事業上很快就有很大的幫助，但總比不能控制情緒的人好！

還有一種人，他們學會控制自己的情緒已經到了很高的境界，能在必要的時候說哭就哭，說笑就笑，說不生氣就不生氣，而且還表現得恰到好處，這種人控制情緒已經練就了一種功夫，你如果有心，也可以學得到。這對你在人性叢林中行走是大有好處的。

應該學會控制行為

凡是有強項的人，都有一套能夠控制自我的強項。

人活於世，做人做事若能「率性而為」，那人生就沒什麼好遺憾的了。問題是，你不是天地間唯一的存在，可以想做什麼就做什麼，而別人也不可能為了你而存在，對你一切都言聽計從。人的一生中，總會遇到許多人際關係和事業上的不如意，這些不如意需要以智慧和耐心去解決，而不是靠你一時的喜惡和脾氣。

如果你看不慣老闆的苛刻，就說「我不幹了」，這樣並沒有解決問題，因為苛刻的老闆很多，你在別的地方也會碰到，而你辭職，又有誰在乎呢？你若失業，不僅沒人在

乎，說不定還有人在偷笑哩！如果你嫌工作辛苦，就任性的放棄，那麼你放棄的可能是一個絕佳的機會，當然，也沒有人在乎你的放棄，因為那是「你自己的事」！如果某人激怒了你，你就拿起刀子……那麼，你坐了牢，毀了一生，倒楣的是你，傷心的是家人，別人是一點也不在乎的……「你自己的事」呀！

最重要的是，時間久了，你就會養成一種放縱自己情緒的習慣，遇到問題就順著性子去做，有時候你真的解決了問題，但也許為你自己的將來埋下了禍國。也許你得罪了很多人，即使他們不說，日後還是會伺機報復的。因此長久下去，對你的事業和人際關係就會破壞多，建設少，甚至還有可能帶來毀滅。尤其你一旦給人「不能控制情緒」的印象，那真的是難以翻身。所以落魄的人、自我毀滅的人，多半是一種性情之人，這二點，只要我們觀察那些人就可明白。

或許你會說，某人有顯赫的家世、雄厚的家產，當然可以「任性而為」。這種人也就隨他去了，因為如果想任性而為，別人也勸不了的。問題是，你有這種「任性而為」的條件嗎？何況這種人任性而為的結果是常常毀滅哩！

所以，無論在事業上還是人際關係上，遇到不如意時，請別說「只要我喜歡，有什麼不可以」，而是應該：忍耐、掂量輕重、做出決定。

審視一下你的性情，如果不好，那就改改你的性情，更不可任著自己的壞性情隨意而為！

把「自卑」這傢伙扔得越遠越好

人有一萬個理由自卑，也有一萬個理由自信！

不管你承認與否，自卑者面對生活缺乏勇氣，不能與強大的外力相抗衡，致使自己在痛苦的陷阱中掙扎。有誰願意成為一個自卑的人呢？大概沒有。所有在實際生活中說自己為某事而自卑的朋友，都認為自卑不是好東西。他們渴望著把「自卑」像一棵腐爛的枯草一樣從內心深處拔出來，扔得遠遠的，從此挺胸抬頭，臉上閃爍著自信的微笑。

自己瞧自己不順眼，自己總覺得自己矮人一頭，這就是自卑；當然這「不順眼」、「矮一頭」都是以別人為參考的：「我皮膚黑」，是和別人比而顯得「黑」；「我個子矮」，矮是相對於高而言的；「我眼睛小」，世界上有許多大眼睛的人，才襯托出了「小」。這些和別人不一樣的地方，實實在在擺在那裡，讓你藏不了躲不了否不了忘不了，於是你有了自卑的理由。你可憐自己又恨自己，於是耗費大量的心理能量和時間精

力，企圖去改變那些和別人不一樣的地方，但卻常常成效甚微。

傑克也曾經是個自卑的人。但自從他開始從事心理諮商這個工作以來，他變得越來越自信了，這一點可以從參加會議時他坐的位置來證實——過去，他總是坐在角落裡，即便對某些問題有看法也不輕易發言；而現在他更經常的是坐在前面，即使對會議主持人也敢發表不同看法。這種變化，當然是得益於心理諮商，在為別人排解心理困擾的同時，傑克獲得了觀察、了解、認識人的許多新角度和方法，從而也更深刻的了解了自己和周圍的人。

有個小女孩的事情有點好笑，但它給了我們一個很大的啟示：自卑原來都是自找的。

有個女孩為了自己耳朵上的一個小眼兒非常自卑，於是便去找心理醫生諮商。醫生問她眼兒有多大，別人能看出來嗎？她說她梳著長髮，把耳朵蓋上了，眼兒也只是個小眼兒，能穿過耳環，不過不在戴耳環的位置上。

醫生又問她：「有什麼要緊嗎？」

「哦，我比別人少了塊肉呀，我為此特別苦惱和自卑！」

現實生活中像她這樣的人實在是太多了，這種人訴說他們因為某種缺陷或短處而特別自卑。把這些缺陷或短處集中起來，幾乎無所不包：什麼胖啦、矮啦、皮膚黑啦、汗毛重啦，什麼嘴巴大、眼睛小、頭髮黃、手臂細啦，什麼臉上長了青春痘、說話有口音、不會吃西餐、家裡沒有錢啦，通通都是自卑的理由，而「耳朵上的一個小眼兒」大概是其中之最了。

這個『耳朵上的小眼』不能不引起我們的思考。美國人本主義心理學家馬斯洛（Maslow）不滿意佛洛伊德（Freud）式的研究，認為他們只關注病態的人。「如果一個人只潛心研究精神錯亂者、神經病患者、心理變態者、罪犯、越軌者和精神脆弱者，那麼他對人類的信心勢必越來越小，他會變得越來越『現實』，尺度越放越低，對人的指望越來越小。」馬斯洛如是說。馬斯洛著重研究了那些「自我實現的人」，在這個基礎上使心理治療成為開發人的潛能、改善人的生活品格的一個新途徑。

當我們把目光從自卑的人身上轉到那些自信的人身上時，便會有新的發現：上帝並不是對他們寵愛有加，讓他們全都完美無假。如果用「耳朵上的小眼兒」這樣的尺度去衡量，他們身上的種種缺陷也可怕得很呢。拿破崙的矮小、林肯的醜陋、羅斯福的癱瘓，邱吉爾的臃腫，哪一條不比「耳朵上的小眼」更令人痛不欲生？可他們卻擁有輝煌的一生！如果說他們都是偉人，我們凡人只能仰視，就讓我們再來平視一下周圍的同

事、朋友。你可以毫不費力的就在那些成大事者身上找出種種缺陷，可你看他們照樣活得坦然自在〈自信使他們眉頭舒展，腰背挺直，甚至連皮膚都熠熠生光！〉

有人說，自信的人才可愛，此話頗有道理。一個自信的男人，會使女人獲得安全感；一個自信的女人，會使男人感到溫暖安詳。而自卑的人，不由自主的會在別人面前，甚至是自己喜歡的人面前顯出一種不自在，他總在擔心別人會怎麼看自己。這種不自在會微妙的影響人與人的關係，使雙方經常「誤讀」對方的訊息，造成隔膜與衝突。而自信的人，與人交往時坦城自然，能更多的流露出自己的本色，能更有效的與人溝通和交流，也就更容易建立起健康的人際關係，為自己贏得友誼和愛情。自卑的人並不是自己想自卑，而是因為他們缺乏內心安全感。他們總是特別「善於」發現自己的缺陷、短處和生活中不利於自己的方面，然後把它們放到放大鏡下去看，結果是嚇壞了自己——既然自己是如此糟糕，怎麼能去和別人比，和別人競爭呢？為了保護自己不被可能遭受的失敗所打擊（僅僅是「可能」），他們躲避競爭，迴避交往，結果是越來越多的失去了發展的機會。不斷遭受的挫折似乎又在證明：瞧，你就是不行！惡性循環就是這樣形成的。只有打破自卑的惡性循環才能逐漸建立自信。但「打破」需要有點決心、有點勇氣，還要講究點科學——要求一個不自信的人去做一件對他來說是非常困難的事情，只能增加他的焦慮。「打破」是一個從認知到行為的過程。沒有認知上的改變，很難有行為上的突破；沒有行為上的突破，就不會產生新的體驗。

由此看來，自卑其實就是自己和自己過不去。為什麼老要和自己過不去呢？你不覺得自己身上也有許多可愛的地方、令人驕傲的地方嗎？他許你不漂亮，但是你很聰明；也許你不夠聰明，但是你很善良。人有一萬個理由自卑，也有一萬個理由自信！醜小鴨變成白天鵝的祕密，就在於它勇敢的挺起了胸膛，驕傲的搧動了翅膀。

讓自卑從你的生活中走開，你就會自信能夠做好一兩件事，並以此成為做大事的契機！

拒絕讓負面的觀念侵入大腦

最美好的事往往也是最困難的。一個自憐的人即使舒服的靠在沙發上，也不會停止自憐。

這就是人生，斷了一條弦，你還能以剩餘的三條弦繼續演奏。

負面的觀念猶如使人消磨精神的「敵人」，能把人正向的品性蠶食掉。對於成大事

者而言，拒絕讓負面的觀念侵入大腦，不要總認為自己倒楣、可憐，是正確面對人生、強健身心的重要一個方針。

有位記者曾到芝加哥大學訪問羅伯特・哈欽斯（Robert Maynard Hutchins）校長，請教他是如何對待生活中的不利因素的。他的回答是：「我一直遵循已故的西爾斯百貨公司總裁朱利葉斯・羅森瓦爾德（Julius Rosenwald）的建議：『如果你手中只有一個檸檬，那就做杯檸檬汁吧！』」

這正是那位芝加哥大學校長所採取的方法，但一般人卻剛好反其道而行之。如果人們發現命運送給他的只是一個檸檬，他會立即放棄，並說：「我完了！我的命怎麼這麼不好！一點機會都沒有。」於是他與世界作對，並且陷於自憐之中。如果是一個聰明人得到了一個檸檬，他會說：「我可以從這次不幸中學到什麼？怎樣才能改善我目前的處境？怎樣把這個檸檬作成檸檬汁呢？」

偉大的心理學家阿德勒（Alfred Adler）窮其一生都在研究人類及其潛能，他曾經宣稱他發現人類最不可思議的一種特性——「人具有一種反敗為勝的力量」。

哈里・愛默生・福斯迪克（Harry Emerson Fosdick）在二十世紀再次重述它：「真正的快樂不見得是愉悅的，它多半是一種勝利。」沒錯「快樂來自一種成就感，一種超越的勝利，一次將檸檬榨成檸檬汁的經」有一位住在佛羅里達州的快樂農人，他曾將一個有毒的檸檬做成了可口的檸檬汁。當他買下農地時，他心情十分低落。土地貧瘠，既不適合種植果樹，也不適合種莊稼，甚至連養豬也不適宜。除了一些矮灌木與響尾蛇，什麼都活不了。後來他忽然有了主意，他決定將負債轉為資產，他要利用這些響尾蛇。於是不顧大家的驚異，他開始生產響尾蛇肉罐頭。之後的幾年，幾乎每年有平均兩萬名遊客到他的響尾蛇農莊來參觀，他的生意好極了。他將毒液抽出後送往實驗室製作血清，蛇皮以高價售給工廠生產女鞋與皮包，蛇肉裝罐運往世界各地。甚至當地郵局的郵戳都蓋著「佛羅里達州響尾蛇村」，可見當地人很是以這位把毒檸檬做成甜檸檬汁的農人為榮。

身殘志堅的人在現實中有許多，但恰恰有一些身體健康的人卻常常牢騷滿腹。他們抱怨自己生不逢時，遺憾自己未曾上過大學等等。殊不知，潘多成大事者人士都是從逆境中自學成才，從而把檸檬變成檸檬汁的傳奇人物阿爾．史密斯（Alfred Emanuel "Al" Smith）就是這樣一位成大事者人士。

阿爾．史密斯的童年非常貧困。父親去世後，靠父親的朋友幫忙才得以安葬。他的母親必須在一家製傘工廠一天工作十小時，再帶些零工回來做，做到晚上十一點鐘。

阿爾．史密斯就是在這種環境下長大的，有一次他參加教會的戲劇表演，覺得表演非常有趣，於是就開始訓練自己公開演說的能力。三十歲時，他已當選為紐約州議員。不過對接受這樣的重大責任，他其實還沒有準備妥當，他還搞不清楚州議員應該做些什麼。之後，他開始研讀冗長複雜的法案，這些法案對他來說，就跟天書一樣。他被選為森林委員會的一員，可是因為他從來不了解森林，所以他非常擔心。他又被選人銀行委員會，可是他連銀行帳戶也沒有，因此他十分茫然。如果不是恥於向母親承』認自己的挫折感，他可能早就辭職不幹了。絕望中，他決定一天研讀十六小日寸，把自己無知的酸檸檬，作成知識的甜檸檬汁。因為這種努力，他由一位地方政治人物提升為全國性的政治人物，他的表現如此傑出，連《紐約時報》都尊稱他是「紐約市最可敬愛的市民」。

就在阿爾開始自我教育後的十年，他成為紐約州政府的活字典。他曾連任四屆紐約州州長——當時還沒有人擁有這樣的紀錄。一九二八年，阿爾當選為民主黨總統候選人。包括哥倫比亞大學及哈佛大學在內的六所著名大學，都曾頒授榮譽學位給這位年少失學的人。

哲學家尼采（Friedrich Wilhelm Nietzsche）認為。優秀傑出的人「優秀傑出的人不僅能忍人所不能忍，並且樂於進行這種挑戰」，阿爾就是進行這種自我挑戰的傑出人物。

一些社會學家曾對許多身體有缺陷的成大事者者進行分析，最後得出結論：這些人的成大事者大部分是因為某種缺陷激發了他們的潛能。威廉．詹姆斯（William James）曾說：「我們最大的弱點，也許會給我們提供一種出乎意料的助力。」

沒錯，米爾頓（John Milton）如果不是失去視力，可能寫不出精彩的詩篇；貝多芬（Ludwig van Beethoven）則可能因為耳聾才得以完成更動人的音樂作品；而海倫．凱勒（Helen Adams Keller）的創作事業完全是受到了耳聾目盲的激發。

如果柴可夫斯基（Tchaikovsky）的婚姻不是這麼悲慘，逼得他幾乎要自殺，他可能難以創作出不朽的《悲慘交響曲》；托爾斯泰（Tolstoy）與杜斯妥也夫斯基（Dostoevsky）都是因為本身命運悲慘，才能寫出流傳千古的動人小說。

達爾文（Darwin），這位改變人類科學觀點的科學家說：「如果我不是這麼無能，我就不可能完成所有這些我辛勤努力完成的工作。」很顯然，他坦承自己受到過弱點的刺激。

達爾文在英國誕生的同一天，在美國肯塔基州的小木屋裡也誕生了一位嬰兒。他也是受到自己缺陷的激發而成大事者的，他就是林肯。如果他生長在一個富有的家庭，得到哈佛大學的法律學位，又有圓滿的婚姻，他可能永遠不能在蓋茲堡講出那麼深刻動

人、不朽的詞句，更別提他連任就職時的演說——可算得上是一位統治者最高貴優美的情操，他說：「對人無惡意，常懷慈悲於世人……」

努力控制你的情緒

美國心理學家霍爾（Granville Stanley Hall）舉過一個例子：「有一天，友人弗雷德感到意氣消沉。他通常應付情緒低落的辦法是避不見人，直到這種心情消散為止。但這天他要和上司舉行重要會議，所以決定裝出一副快樂的表情。他在會議上笑容可掬，談笑風生，裝成心情愉快而又和藹可親。令他驚奇的是，他不久就發現自己不再憂鬱不振了。弗雷德並不知道，他無意中採用了心理學的一項重要新原理：裝著有某種心情，往往能幫助我們真的獲得這種感受——在困境中有自信，在事情不如意時較為快樂。」

多年來，心理學家都認為，除非人們能改變自己的情緒，否則通常不會改變行為。我們常常逗眼淚汪汪的孩子說：「笑一笑呀！」結果孩子勉強的笑了笑之後，跟著就真的開心起來了。情緒改變導致行為改變。心理學家艾克曼（Paul Ekman）的最新實驗表明，一個人老是想像自己進入某種情境，感受某種情緒，結果這種情緒十之八九真會到來。一個故意裝作憤怒的實驗者，由於「角色」的影響，他的心搏率和體溫會上升。心理研究的這個新發現可以幫助我們有效的擺脫壞心情，其辦法就是「心臨美境」。

例如，一個人在煩惱的時候，可以多回憶愉快的時候，還可以用微笑來激勵自己。當然，笑要真笑，要盡量多想快樂的事情。高聲朗讀也有幫助，只是讀書時要有表情，且要選擇能振奮精神而非憂鬱之作。

一項心理研究顯示，心情煩惱的病人帶著表情高聲朗讀後，他們的情緒亦大為改善。又如，當你感到焦慮、憂鬱的時候，玩一場好笑的遊戲或看一場滑稽的電影，但一定要放聲大笑，往往能收到奇效。假使暫時沒有這個條件，那不妨從記憶中提取類似的鏡頭。心臨其境可以代替身臨其境，笑聲總會使你身心舒暢。霍爾自己也有過這樣的經歷。有年夏天，他駕駛一艘十公尺長的單桅小帆船作兩星期航行，途中因遇到雷雨襲擊，他緊張得向三位朋友粗暴的發號施令，結果大家驚恐顫慄，不知所措。後來有個從前當過海軍的朋友心平氣和的提出一條建議，才使他們擺脫困境。兩天後他們又陷入一次更凶猛的風暴之中。說也奇怪，這時霍爾鎮定得連自己也有些吃驚。他的情緒感染了大家，大家也沒驚慌失措，結果船隻安度難關。

利用有意識的動作來改變我們的心情，利用心情來改變我們的行為，這是幫助我們

度過生活中困難時刻的有用方法。英國小說家艾略特（Thomas Stearns）曾寫道：「『行為可以改變人生，正如人生應該決定行為一樣。』如果我們能記住這句格言並遵照它去做，我們就能獲得更充實更快樂的人生。

處理情緒的四種方法

逃避

我們每個人都希望避開痛苦的情緒，然而有些人因為矯枉過正，結果連那些他想得到的情緒也失去了。譬如說他們害怕失望，因此極力想避開會導致失望的情況，如畏縮於拓展人際關係，不敢接受具有挑戰性的工作，當一個人有這種現象時就如同掉進陷阱之中。就短期來看，他是避開了會使他失望的可能，可是卻也失去了能使他得到關懷和信心的機會，也許這正是他渴望得到的情緒。除非你完全失去感受的能力，否則你就免不了產生情緒，一心想逃避自認為是負面的情緒並不是辦法，正向的作法是你應該從這些負面的情緒中挖掘它正面的意義及功能。

否認

有些人經常不願讓惡劣的情緒為他人所知曉，便會這麼說：「『我並不覺得有那麼糟。』」然而他們的心裡卻一直惦記著那些事，為什麼自己就那麼「衰」？為什麼別人會想占自己的便宜？或為什麼自己已經盡了力卻仍不如意？他們就只會往這些負面方面想，卻不去想如何來改變自己的意焦。一個人如果真的遇上不如意，卻想一味的隱瞞，這不僅於事無補，反而會帶給自己更多痛苦；如果一味不理情緒所帶來的訊息，那也不會使你覺得更好受，反倒更加強了那種負面的情緒，直到最後你不得不正視。處理這類情緒最好的方法不是漠視，而應是去了解它的成因，從其中找出有利於你的策略。

屈服

有些人對於痛苦的情緒很容易便屈服了，他們無心從其中學到寶貴的教訓，反倒刻意加強它們的威力，甚至於還不服氣的對別人說：「你們以為能夠應付得來，讓我告訴你們，它遠比你們所想的困難得多。」當他們說過話時，就真覺得好像是在說一個事實，好像自己遇到的是別人所未曾經歷過的，自己能有此經歷是件值得驕傲的事。可以想像

一個人如果常常有此舉動，那就真是掉進致命的陷阱裡，若不盡全力抽出身來，人生最後就必然如他自己所預言的那樣潦倒一生。處理痛苦情緒最有效且最健康的方法，就是要學會看出它對你的正面意義。

學習與應用

如果你真想過個有意義的人生，那麼就得讓情緒為你所用。只要你有感受的能力，就脫不了各種各樣的情緒，所以你別想逃離它、別想消除它、別想視而不見它、別想歪曲它的意義，當然更別想讓它控制你的人生。情緒，就算是會帶給你短期的痛苦，但它絕對是一座你內心的指南針，指引你應走的方向，以得到所想追求的目標。如果你不曉得如何使用這座指南針，那麼就有如行駛在心理的狂風暴雨之中，永遠找不出一條脫困的航線。

許多治療理論都是基於這個假設——情緒是我們的敵人，要想治療，就唯有回歸過去。這個假設錯得離譜，事實上，只要我們願意改變意焦，只要我們有心打斷先前的想法，而這種意願又夠強烈的話，那麼在轉眼之間我們的哭聲便可化為笑聲。佛洛伊德的心理分析一直想挖掘過去那些「深埋且隱藏的祕密」，其原因就是認為能夠用以解釋現在的問題，然而我們都知道，如果你一直在尋找某樣東西，那麼就必然會找到那樣東西，如果你不斷尋找致使現在痛苦的以往的原因，或為何會遭此等「不幸」，那麼你的腦子就會提供給你理由，讓你能為這些負面情緒自圓其說。為何不採取這種想法：「我的過去並不就等於未來。」忘掉過去而重新開始，將會使你的人生過得更好。

每一個問題之中都藏著解決的方法，只要你真正拿出行動，用正向的心態去面對，事情就終有解決的時候。

六步驟擺脫負面想法

確認你真正的感受

人們並不經常確切的知道自己真正的感受，只是一頭栽進那些負面情緒裡，承受不當的痛苦折磨。其實他們並不需要這麼苦待自己，只要稍微往後退一步，問問自己這句話：「此刻我是什麼樣的感受？」如果你直覺的便認為憤怒，那麼再問問自己：「我真是覺得憤怒嗎？亦或是其他？也許我真正的感受只是覺得自尊心受了傷害，或者覺得自己損失了些什麼。」當你明白了真正的感受只是受傷或者受損失，那麼它對你的影響就不

如憤怒來得強烈。只要你肯花點時間去確認真正的感受，隨之針對情緒提問一些問題，那麼就能降低所感受的情緒強度，以客觀且較理性的態度處理問題，自然就能更快且更順手了。

譬如說，如果你覺得自己不為別人所接納，那麼就這麼提問自己：「到底我是被人完全拒絕，還是有條件的拒絕？我是真被拒絕了呢，還是只有些悵然？對這樣的拒絕，我是否真的那麼不舒服？請不要忘了轉換詞彙的神奇魔力，它可以很快的降低我們情緒的強度，再加上如果你真能確認自己的感受，那麼從情緒中必然可以很快的學習到不少東西。

肯定情緒的功效，認清它所能給你的幫助

絕對不可「扭曲」情緒的正向功能，任何事物若是被我們「預設了立場」，那麼我們就無法看出它的真貌，而對別人善意的建議也無從接受了。幸好我們的腦子並不是那麼愚頑不靈，當有時候我們那一套行不通時，它就會提供正面的建議，告訴我們有些地方必須改變，可能是認知，也可能是行動。如果我們依賴情緒，就算是對它並不完全了解，也應該明白它具有幫助我們的功能，從而我們就可走出內心的煎熬，很容易找出問

題的解決之道。一味的壓抑情緒，企圖減輕它對我們的影響不但沒用，反而會更加纏著我們。因此，對於一切你所認為的「負面情緒」都該重新認識，給它們重新定位，日後當你再遇上相同的情況，那些情緒不但不再困擾你，反倒能帶你走入另一片天空。

好好注意情緒所帶來的訊息

還記得改變情緒所能產生的力量嗎？當你為某種情緒所困時，擺脫它的最有效辦法，就是重新認識情緒的真義，以正向的態度去解決問題，讓它未來不再發生。

日後當你有某種情緒的反應時，要帶著探究的心理，去看看那種情緒真正帶給你的是什麼。此刻你到底得怎麼做才能使情緒好轉？如果你覺得孤單，不妨問問自己：「我是不是真的孤單呢？亦或是自己曲解了，事實上我的周圍有不少朋友？如果我能讓他們知道我要去看他們，他們是否也會很樂意來看我呢？這種孤單的感覺是否提醒我該拿出行動，多跟朋友聯繫呢？」

各位可以運用下面四個問題，來幫助你改變情緒：

「到底我想怎麼樣？」

「如果我不想這麼繼續下去，那得怎麼做呢？」

「對於目前這個狀況我得如何處理才好？」

「我能從其中學到些什麼？」

只要你對情緒有真正的認識，那麼就必然能從其中學到很多重要的東西，不僅在今天能幫助你，在未來亦復如此。

要有自信。你對自己要有信心，確信情緒是能夠隨時掌控的

掌控情緒最迅速、最簡單且最有效的方法，就是記取過去曾經有過的經驗，然後針對目前的狀況，擬出可以讓你成功掌控情緒的策略。由於過去你曾面對並處理過這種情緒，而現在對情緒又有了新的認識，相信這可以幫助你怎樣擬定策略。

如果你現在正處於某種情緒，那麼請你停下來回想一下過去類似的情緒經驗，當時是怎麼解決的？有無改變自己的注意力？有無對自己提問某種問題？你是何種認知？你有沒有採取新的行動？你應如何拿來作為這一次的參考？只要你決定按照上次成功的模式去做，帶著信心，那麼這一次依然會如上一次的有效。

如果你目前覺得沮喪，而這種情緒以前也曾有過，但當時順利的消除了，那麼可以這麼提問自己：「當時我是怎麼做到的？是不是你拿出了什麼新的行動？是出去跑了一

趟呢，還是打電話找朋友吐訴了一番？如果那一次的方法有效，那麼這一次你仍可以重來一遍，你將會發現這次的結果大致不差。

要確信你不但今天能控制，未來亦然

要想未來依然能夠很容易的掌控情緒，你必須對自己目前的做法有充分的信心才行，因為那在過去你已經使用過，並且證明確實有效，如今你只要重新拿出來使用即可。你要全心全意的去回想、去感受當時的情景，讓怎樣順利處理的經過深印在你的神經系統中。

此外，你要再想出其他三四種可能的處理方法，把它們寫在小紙片上，不時提醒你自己。這些可能的處理方法包括：改變你的認知、改變你的溝通方式或改變你的行動等。

要以振奮的心情拿出行動

之所以振奮，是因為知道自己可以很容易的掌控情緒；而拿出行動，是為了證明自己確實有能力掌控，可千萬別讓自己陷於使不出力的情緒狀態之中。

當你熟知這六個簡單的步驟，差不多就能掌控跟我們人生最有關的幾種情緒，如果這六個步驟你又能運用得很靈活，日後就能很快的確認及改變情緒了。

這六個步驟在一開始運用時可能會有點困難，不過就像學習任何新的事物一樣，只要你不時的練習，就會越來越順手。很快的，過去你認為是情緒的「地雷區」，如今便彷彿擁有了探測器，走起來內心覺得十分篤定，每一步都那麼有把握。

別忘了，處理情緒問題最好的時機永遠是它剛出現時，當它已經困擾得讓你受不了，要想一下子斬斷就得費很大的勁。只要你確實認識情緒的真面貌，再加上能有效的運用這六個步驟，不用多久便會發現自己在處理情緒上得心應手。

克服躲避困難的負面缺點

十四世紀蒙古皇帝蒙兀兒在一次戰役中大敗，自己蜷縮在一個廢棄馬房的食槽裡，垂頭喪氣。這時，他看到一隻螞蟻拖著一粒玉米，在一堵垂直的牆上艱難的爬行。玉米粒比螞蟻的身體大許多，螞蟻爬了六十九次，每次都掉下來。當它嘗試第七十次時，螞蟻終於拖著玉米粒爬上牆頭。蒙兀兒大叫一聲跳起來！螞蟻尚能如此，我為什麼不？蒙兀兒終於重整旗鼓，打敗了敵人。

現實生活中，為什麼那麼多人不能夠像蒙兀兒一樣最終取得成功呢？經過研究，心理學家發現，接下來介紹幾種阻礙成功的原因。

阻礙成功的六大原因

熱情不足

黑格爾（Hegel）說：「沒有熱情，世界上沒有一件偉大的事能完成。」美國的《管理世界》雜誌曾進行過一項調查，他們採訪了兩組人，第一組是高水準的人事經理和高級管理人員，第二組是商業學校的畢業生。

他們詢問這兩組人，什麼品格最能幫助一個人獲得成功，兩組人的共同回答是「熱情」。

熱情高於事業，就像火柴高於汽油。一桶再純的汽油，如果沒有一根小小的火柴將它點燃，無論他品格再怎麼好也不會發出半點光，放出一絲熱。

而熱情就像火柴，它能把你具備的多項能力和優勢充分的發揮出來，給你的事業帶

來巨大的動力。

試想，一個沒有熱情的老闆，整天無精打采，沒有絲毫的朝氣，那麼，他的員工也會因此而失去工作的興趣，當大部分員工都沒了工作熱情時，老闆再怎麼努力的去工作也會於事無補，只能眼睜睜的看著自己的公司垮掉。有許多出色的領導者，都是憑了一股對事業的執著與熱情，歷盡艱辛，最後才取得成功的。

有一個哲人曾經說過：「要成就一項偉大的事業，你必須具有一種原動力——熱情。」

英國的喬治・阿爾伯特（George Albert）指出：所謂熱情，就像發電機一般能使電燈發光、機器運轉的一種能量，它能驅動人、引導人奔向光明的前程，能激勵人去喚醒沉睡的潛能、才幹和活力，它是一股朝著目標前進的動力，也是從心靈深處進發出來的一種力量。

蒸汽火車頭為了隨時產生動力，即使停放在車庫中時，也必須不斷加燃料，讓鍋爐中的煤炭始終處於燃燒狀態。人也同樣如此，他必須始終保持著旺盛的熱情。

當你的腳踩上加速器時，汽車便會馬上產生一股動力，向前行駛。而熱情也理應如此。因此，你必須牢記：熱情是動力；思想是加速器；而你的心就是加油站。

適應能力差

適應性關係到一個人處理壓力的能力，這是因為人的壓力主要發生在他進行轉變或改革的時候、成功者不僅有能力去適應轉變，而且能促進轉變。

這個本質的本質，就是參加冒險的能力。高水準的成功者知道，轉變與冒險是相互伴隨的，對成功者來說，順時的轉變不僅是需要的，而且往往是必不可少的。因而一個人如果要想獲得成功，就一定要能夠適應這種轉折性變化。

缺乏自信，情緒悲觀

獨木橋的那邊是結滿碩果的果園，自信的人大膽的走過去採摘自己喜愛的果子，而缺乏自信的人卻在原地猶豫：我是否能走過去？——而果實，早已被大膽行動的人採光了。

自己都信不過自己，別人怎麼能相信你？任何一個成功者都充滿自信。強烈的自信心，能鼓舞自己的士氣，在許多時候會取得意想不到的效果。

情緒悲觀，則讓人始終沉浸在鬱悶、負面的心境裡，不能正確對待新的挑戰。

在你合作的群體裡，每個人的能力不會相差得太懸殊，每個人的機遇也是大致均等的。因此，在你合作的一群體裡，你總想能取得競爭的勝利，占據競爭的優勢，這個想法是不太正確的，也是不太現實的。

你和你那合作夥伴中的任何人一樣，既有在合作中的競爭勝利的可能，也有失敗的可能，勝利了，固然可喜可賀，但失敗了，一定要想得開。你必須明白：陽光不可能每時每刻都照耀著你，而不去照顧一下別人，每個人都會經歷到競爭失敗的結果，即使失敗了，自己的情緒也應該樂觀，不要始終沉浸在悲觀之中，好像覺得自己永無出頭之日一樣。

你如果在你合作的競爭中被對手打敗，你不妨笑著面對現實，並且向你的合作者兼競爭者表示友好和祝賀，這既能在你的合作者中顯示出大將風度，又能增添自己戰勝失敗的信心。

你在一次競爭中失敗了，並不意味著你以後的競爭都會失敗。你失敗以後，在保持樂觀情緒的情況下，認真總結經驗，分析自己失敗的原因，你的競爭對手獲勝的原因，那麼在下一次較量中你很有可能嘗到勝利的滋味，把失敗的痛苦留給了你的競爭者。

相反，如果你一旦失敗，悲觀低沉，一蹶不振，那麼，你在下一次競爭中會再次名落孫山，那就真的永無出頭之日了。這些，希望每位讀者朋友，特別是涉世未深的青年朋友能認真體味體味。

三心二意

無論做任何事，「三心二意」都是一大障礙，不把全部精力集中在你要做的事情上，而去想其他無關緊要的事情，心猿意馬，難免會在你想作的事上分散精力。而一個人的精力是有限的，沒有足夠的精力投人到事業上去，那麼這項事業肯定是要失敗的。專心致志的人總是受到人們的歡迎，他的事業往往也會比三心二意的人成功的機會大。

把你的意志集中於現在時刻，就會大大加強你自己，就如同雷射的強力在於集中一樣，假如你能專心致志於你現在正在進行的事件上，你將變得更有效率。

意志不堅定

大多數的成功者之所以能夠成功，就在於他們始終如一的在自己的事業上堅持下來。成功取決於堅持不懈的探索，正如曼迪納所說：「在道路的每個拐彎、曲折的地方，我們必須堅持住，因為繞過這一個拐彎，這一個曲折，可能就是我們競爭的目標。」

過於相信機遇

德國社會學家和歷史學家馬克斯・韋伯（Max Weber）研究了美國工業社會的發展後寫了許多著作。

在解釋美國經驗時，他說：「那些在十九世紀下半葉控制美國企業的實力雄厚的資本家只是些不尋常的人物，只是他們用以獲取財富的技術手段已經改變了。」那些重要的企業家之所以能在眾多合作者中出人頭地，是由於他們抓住了機會，那個時期的美國是不乏機會的。

韋伯指出：要是當初他們不去冒險的話，這種機會很可能被別人得去。這些實力雄厚的實業家左右著他們的時代，而時代賦予他們縱橫馳騁的舞臺。

然而，抓住機遇，並不等同於迷信機遇，機遇並不是見誰受誰的，她總是垂青於那些善辨真偽。準備充分的人。

人們總是認為機會對每個人都是平等的。但事實上並沒有絕對平等的機會，如果只是消極的等著機遇再次光臨，相信總會有機遇降福於你，而不去主動出擊，透過自己的努力創造機會，那麼，等來的也只有失敗的痛苦和教訓。

另外，有些時候，你也許很努力的去尋找創造機遇，也有類似機遇的「機遇」垂青於你，但卻陷入了機會女神的陷阱，碰得頭破血流，無法自拔。

所以，對於機遇，你一定要抱有正確的態度，要以清醒的眼光，敏銳的洞察力去審視周圍，是機遇千萬別放過，是陷阱退避三舍。為了做到這一點，你應該從以下幾個方面來努力：

把握機遇的三種正面態度

堅忍不拔

堅忍，是克服一切困難的保障，它可以幫助人們成就一切事情，達到理想。

有了堅忍，人們在遇到大災禍、大困苦的時候，就不會無所適從；在各種困難和打擊面前，就仍能頑強的生活下去。世界上沒有其他東西，可以代替堅忍。它是唯一的，不可缺少的。

堅忍，是所有成就大事業的人的共同特徵。他們中有的人或許沒有受過高等教育，或許有其他弱點和缺陷，但他們一定都是堅忍不拔的人。勞苦不足以讓他們灰心，困難

不能讓他們喪志。不管遇到什麼曲折，他們都會堅持、忍耐著。

以堅忍為資本去從事事業的人，他們所取得的成功，比以金錢為資本的人更大。許多人做事有始無終，就因為他們沒有充分的堅忍力，使他們無法達到最終的目的。然而，一個偉大的人，一個有堅忍力的人卻絕非這樣。他不管情形，總是不肯放棄，不肯停止，而在再次失敗之後，會含笑而起，以更大的決心和勇氣繼續前進。他不知失敗為何物。

做任何事，是否不達目的不罷休，這是測驗一個人品格的一種標準。堅忍是一種極為可貴的品德。許多人在情形順利時肯隨大眾向前，也肯努力奮鬥。但當大家都退出，都已後退時，還能夠獨自一人孤軍奮戰的人，才是難能可貴的。這需要很強的堅忍力。

對於一個希望獲得成功的人，也許要始終不停的問自己：「你有耐性嗎？你有堅忍力嗎？你能在失敗之後，仍然堅持嗎？你能不管任何阻礙，仍然前進嗎？」

英明決斷

世間最可憐的，是那些做事舉棋不定，猶豫不決、不知所措的人，是那些自己沒有主意，不能抉擇的人。這種主意不定、意志不堅的人，難於得到別人的信任，也就無法使自己的事業獲得成功。

優柔寡斷的人，不敢決定每件事，他們拿不準決定的結果是好還是壞，是凶還是吉。有些人的本領不差，人格也好，但就是因為寡斷，往往錯過了許多好機會，一生也未能成功。而決斷的人，即使會犯些小錯誤，也不會給自己的事業帶來致命打擊，因為他們對事業的推動，總比那些膽小狐疑的人敏捷得多。站在河邊呆立不動的人，永遠也不可能渡過河去。

如果你有寡斷的傾向或習慣，你應該立刻下決心改正它，因為它足以破壞你各種進取的機會在你決定某件事以前，你應該對這件事有個全山的了解。你應該運用全部的常識和理智，鄭重考慮，但一經決定以後，就不要輕易反悔。

在做重大決定時搖擺不定，不知所措是一個人品格的致命缺點。具有這種弱點的人，從來不會是有毅力的人。這種缺點，可以破壞一個人對於自己的信賴，可以破壞他的判斷力，更會有害於他的事業。

要成就事業，必須學會胸有成竹，使你的正確決斷穩固得像山嶽一樣。不為情感意氣所動，也不為反對意見所阻。

決斷、堅毅是一切力量中的力量。假如你想做一名成功的老闆，成就一番事業，你必然養成堅毅與決斷的能力，否則你的一生都將漂泊不定，事業也將無所成。

樂觀向上

一個能夠在一切事情不順利時含著笑的人，比一個遇到艱難就垂頭喪氣的人，更具有勝利的條件。

不管是否順利，有些人總愛以頹喪的心情，憂鬱的情緒，來破壞、阻礙他們生命的歷程。其實一切事情，全靠我們的勇氣和信心，我們樂觀的生活態度。如果一遇到不順利的事情，就放任頹喪、懷疑、恐懼、失望等情緒控制自己，我們經營多年的事業就會受到破壞。

學會肅清自己心中的悲觀心理是一門很重要的學問。我們應學會時時把自己的注意力放在美好的事情上而非醜陋的事情上，放在真實的事物上而非虛偽的事物上，這樣我們在困境中也能看到生活中的美，生活中的好，我們也就因此而樂觀起來。

對一個精神良好的人來說把心中的憂鬱在幾分鐘內驅出心境，是完全可能的。但我們中的許多人在憂傷時卻往往不肯開放心門，讓愉快、樂觀的陽光射進來，而妄圖緊閉心扉靠自己內在的力量驅逐黑暗。其實只要一些樂觀，我們心中的憂鬱就會減輕很多。

當你感到憂鬱、失望時，你應該試著改變環境。無論遭遇怎樣，不要反覆想你的不幸和目前使你痛苦的事情。想想那些愉快的事，有趣的話，以最大的努力去放射快樂，讓自己樂觀起來。

留在幻想上，坐等機會，期待時來運轉，然而，時光卻流失了。失敗者談起別人獲得的成功，總會忿忿不平的說：「人家如何如何憑運氣……趕上了好時光……」他們不採取行動，總是期待有一天他們會走運，他們把成功看作是降臨在幸運兒頭上的事情，失敗者認為成功者的命運是一帆風順的，而自己的命運全是倒楣，所以，既然幸運女神不肯照顧他們，他們除了怨天尤人以外，再也不會做什麼了。

善於抓住機會成功的人耽誤不起這些時間，他們忙於解決問題，忙於勤奮工作，忙於把事情做好，忙於如何生氣勃勃和樂觀的對待一切，記住前面那個故事：天下沒有白吃的午餐。

可怕的「消極症」

研究表明，人大概有五十四種負面情緒和表現，一個負面的想法，便足以毀掉我們生活的某一個方面，甚至對整個人生歷程產生巨大的不良影響。

導致消極狀態的八種壞習慣

缺乏目標

就是缺乏人生的目的和方向，缺乏自己生活的意義和存在的價值；不知道自己想獲得什麼，不知道為什麼而活著，不知道命運在自己掌握之中；不知道自己的工作會怎樣，生活會怎樣，家庭會怎樣，財富會怎樣；沒有動力，沒有熱情，沒有信心；看不到機會，無法掌握自己的心態、生活。工作和學習，一如水上浮萍，東飄西蕩，不知何去何從。

沒有懶惰的人，只有沒有目標的人。世界上最貧窮的人，就是沒有目標的人。因為連「夢想」都沒有，還會擁有什麼？

害怕失敗

害怕失敗的原因是，我們每個人在成長的過程中都遭受過無數的挫折，於是，失敗的恐懼感時常伴隨著我們。這種恐懼感來自於對過去「傷害」（遭挫折、被恥笑）的記憶，造成內心的膽怯和懦弱，從而產生負面的想像力和預期的失敗感。

當人們在作出一個新的決定時，心態消極的人往往想到曾經遭受過的失敗景像，於是憂慮退縮，裹足不前。

害怕被拒絕

我們在生活中遭到過太多的拒絕，父母拒絕我們、老師拒絕我們、朋友拒絕我們。我們聽到過太多的「不」——不行、不能、不好、不可以……於是在內心深處留下了障礙。當我們需要幫助的時候，被拒絕的種種可能就立刻出現。害怕遭到恥笑和打擊，害怕失去自我信心的恐懼，妨礙我們開口求助，阻礙我們前進。

埋怨與責怪

人們一旦遇到問題和障礙時，總是找藉口，找理由，其目的就是推卸責任，把自己所遇到的一切「不利」都推給外界和別人。其根源是內心的渴求與現實的不一致。在他們不能正視困難、面對自我。不能達到心理平衡時，就自然而然選擇了一種逃避行為，即把責任歸咎於別人。他們自我認知不足，總認為自己是受害者，是可憐者。

否定現實

在現實生活中，無法面對不如意、不利的事物、於是誇大障礙，找藉口來逃避，從不找自己的原因。這是一種懦弱、膽怯和無能的表現。

做事半途而廢

不明白人生歷程實質就是克服困難的過程這一道理，對事業沒有堅強的信念和決心，不能堅持到底。在遇到困難的時候，首先想到的就是挫折可能帶來的種種傷害。於是認為不可能實現，不可能達到，不可能成功，迅速放棄自己原有的努力。

做事半途而廢，主要還是由於「害怕」。

「害怕」是因為對自己沒有把握，自認能力不夠，自信不足，同時，總看到事物消極失敗的一面，因而顯得膽小。

脆弱、憂慮、猶豫、找藉口（推卸責任）。隨著事態的發展，害怕的程度與日俱增。害怕承擔責任，使心態輕易就超過承受的極限，於是開始推卸責任。推卸責任的最常見方式就是埋怨與責怪，以進為退，為自己開脫，似乎總是他人不好，他人不對，極端的情況便是否定現實，擴大障礙，以期用別人的同情來掩蓋自我的空虛；一旦找到藉口，便主動打退堂鼓，最終半途而廢。半途而廢一旦經常發生，成為習性，必然惡性循環，加重「憂慮」、「猶豫」的態度，從而更加膽小脆弱。這樣，人生必然舉步維艱，一事無成。

對未來悲觀

就像下坡比上坡容易一樣，人類似乎天生有「悲觀」的傾向。要正面很困難，要負面很容易；要樂觀很困難，要悲觀很容易。悲觀的情緒象瘟疫，會迅速傳染開去。悲觀與前面幾大習性有關，可稱做一種消極的「併發症」。因缺乏人生的意義與目標，必然心胸狹隘，目光短淺，看不到美好未來；因「害怕」「半途而廢」而無成就感，必定自慚形穢，因而得過且過，表現得十分自私；為了保持做人的最後一點點「尊嚴」，必然要以憤世嫉俗、牢騷滿腹、猜疑忌妒、易怒等方式來發洩，以緩釋內心深處的悲哀。

好高騖遠

好高騖遠，表現為不切實際的空想，把成功寄託於一些不可能發生的荒唐想法上。比如，想像與某大明星結婚啦、自己的父親是大人物啦、突然有一天，某人或某個失蹤

多年的遠方親戚叫自己繼承巨額遺產啦……經常在這種「幼稚」的心態下生活，必然加重「僥倖」的心理，而不願腳踏實地，拾級而上，奮鬥成功。殊不知，要實現以上離奇的想法，也是要奮鬥的。

好高騖遠者為了彌補「理想」與現實的巨大反差，掩飾內心的空虛、脆弱和恐慌，必然做人做事虛偽，處心積慮貪圖虛榮，以暫時麻醉自己。

消極為什麼可怕？

「消極」是貶義詞，那麼為什麼消極會使人們遠離成功呢？

❖ **喪失機會**：一到關鍵時刻，負面心態便散布疑雲迷霧，即使出現機會，也看不清抓不到。

❖ **使希望破滅**：負面心態者總是埋怨、責怪、指責別人，找藉口，推卸責任。因喪失責任感而摧毀自我信心，使希望混滅。看不到將來的希望，也就激發不出任何動力。

❖ **限制潛能發揮**：人不可能取得自己並不追求的成就。人不相信他能達到的成就，他便不會去爭取。負面心態者不但想到世界最壞的一面，而且想到自己最壞的一面。他們不敢企求，成了自己潛能最大的敵人。

❖ **消耗掉百分之九十的精力**：負面情緒容易惡性循環，變本加厲，使消極者日復一日在負面的境遇中掙扎。

❖ **失道寡助**：沒有人會喜歡消極者。得不到別人（特別是成功者）的支持和幫助，成功即是奢談。

❖ **不能充分享受人生**：在人生的整個航程中，負面心態者一路上都在暈船。無論目前境況如何，他們對未來總是感到失望、噁心。在「作嘔」的狀況下，無意認定目標，無力操控航向，只好隨波逐流，任由漂蕩。何談快樂、成功、健康，更談不上充分享受人生旅程美好的風光。

別混淆熱情與狂熱

大部分人都會同意，對自己的工作有熱情，如果不是必要的成功因素，也是大有幫助的。不過，許多人把有用的熱情和亢奮或狂熱的行為混為一談。熱情有各種不同的形

式。它可以是成功的動力，或者是捲起袖子，或工作漫長的辛苦操勞。這種「亢奮」的熱情可能很興奮，甚至會上癮。不過，它的問題是，它會耗盡你的精力，而且很累人。它的動力來自於外在的源頭——緊迫的時間要求或者小題大做。這種熱情類型的外在本質，總是帶著一點固執的味道：「只要一切都順遂，我就愛這種感覺。」於是，這種熱情也會變得無聊。你只有在有壓力有興奮的事情發生時，才能得到樂趣。你將時間消磨在等待和尋找更大的興奮上。

另一種比較鎮定的熱情是我所謂的放鬆的熱情。這是一種包容、沒有時間壓力的感覺，它滲透了你所做的每一件事。任何事都帶來喜悅和成功。這種感覺不但不狂熱，而且更像快活與熱心。這是一種比較鎮定的興奮。它可以說是一種沒有憂慮的興奮：「我就是喜歡這樣，因為我被我所做的事情吸引了。」

引發這種熱情的方法就是學習將你的注意力完全保持在當下。任何時刻都試著一次只做一件事情，而且對「那件事情」付出你全盤的注意力。如果你在打電話，要專心，跟你說話的對象「在一起」，不要分心，要專心。

如果你的心飄走了，請溫柔的將它帶回此時此刻。我們所做的任何事情——準備一份報告、向一個團體演講、解決一個問題、想出一個點子、從事一件困難的工作等等——都是放鬆熱情的潛在來源。

我們之中有太多人活在過去或未來。當我們的心思不在此時此地時，我們就從經驗中汲取喜悅。你只要更專注在此時此刻，就可以將熱情帶回你的人生和事業中。你專注的洞察力將會大幅提升，你的創意和創造力也是如此。

第三章　個性的控制

第四章　個性的魅力

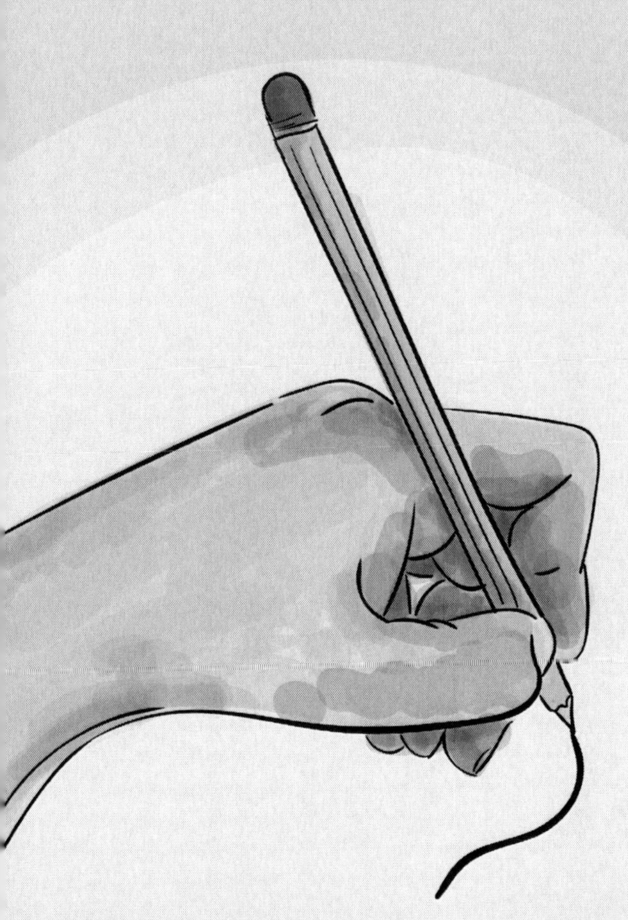

利用熱忱造就奇蹟

青年人擁有滿腔熱忱，這是他們的個人魅力所在。青年們憧憬著光明的前途、美好的未來，在他們的眼裡沒有黑暗，沒有深淵。即使遇到險境，最終也會化險為夷，即使遇到泥濘的小徑，最終也會被變成光明大道。他們不知道失敗究竟是什麼情形，他們相信憑藉自己的才華一定會在天地間開拓一片屬於自己的自由空間。

少年韓德爾（George Frideric Handel）渴望接受知識與音樂的薰陶，但卻遭到了家人的阻撓，他們把家裡的所有樂器都藏了起來，還不讓他去上學，可是這一切阻止不了少年韓德爾對知識與音樂的執著追求。每天午夜，他都偷偷的爬上一間祕密的閣樓，哪裡有一架早已廢棄的鋼琴，哪裡就成了他開始練習鋼琴的琴房。

為了抄錄所看書籍的內容，少年巴哈（Bach）向別人借蠟燭，卻遭到了粗暴的拒絕。但是這點困難又算得了什麼呢？從此以後，他就藉著月光抄錄。一次，他親手抄錄的筆記被人搜走，但是他並不氣餒，仍然繼續堅持抄錄。

魏斯（Wyeth）之所以成為一名畫家，主要源於他兒時就喜歡塗塗畫畫。由於生活拮据，父母拿不出多餘的錢為他買畫筆，聰明的小魏斯特就把家用的小貓偷偷騙出來，用貓身上的毛做了一支畫筆，他經過勤學苦練，終於成了著名畫家。

英國著名作家查爾斯．金斯萊（Charles Kingsley）曾經感言：「最令人欣慰的是青年們擁有蓬勃的朝氣和熱忱。每當那些青春不再的人暗地裡回顧自己當初的熱忱時，總會有一絲惋惜和遺憾浮上心頭。但是他們從未意識到這種熱忱遠離他們的原因就在於他們沒有掌握好自己。」

丁尼生（Tennyson）的成名作，在他十八歲時就問世了。他獲得劍橋大學金質獎章時，也只有十九歲。英國作家羅斯金（John Ruskin）說：「任何一種藝術，最傑出、最優秀的作品都在年輕人之手誕生。」英國政治家迪斯雷利（Disraeli）說：「差不多所有的英雄壯舉都是年輕人創造的。」美國政治家特朗布爾博士說：「世界萬物都受上帝統治，而年輕人卻是上帝的統治者。」

歷盡千難萬險，年輕的赫拉克勒斯（Heracles）終於完成了使命。年輕總是洋溢著熱情，有十足的信心。年輕人聽任心靈的支配，而成人總是被大腦束縛。在歐州文明正處於萌芽狀態時，亞洲人長驅直入意圖占領歐洲，是年輕的亞歷山大以他的勇敢和智慧將他們驅逐出境的。在風華正茂的二十五歲時，拿破崙就以他的勇猛征服了義大利。雖然，三十七歲的拜倫和拉斐爾過早離世了，已故的濟慈（Keats）只有二十五歲，

雪萊（Shelley）二十九歲就英年早逝，但是他們生前也曾做出了輝煌的成就。羅穆盧斯（Romulus）締造羅馬時僅二十歲；皮特（Pitt）與博林布魯克（Viscount Bolingbroke）成為政法家時還未成年；牛頓在成為世界著名的大科學家時，還不足二十五歲；成功的改革家馬丁．路德（Martin Luther）在獲得殊榮時只有二十五歲；英國詩人查特頓（Thomas Chatterton）二十一歲時就雄踞詩壇頂峰了；維克多．雨果（Victor Marie Hugo）在十五歲時就涉足文壇，不到二十歲就榮獲了法蘭西學院的三項大獎，文壇為之一震；二十四歲時，懷特菲爾德（Andy Whitfield）就已名揚天下了，他在牛津求學時，就發動了宗教復興運動，曾經轟動一時。

我們生活的時代是一個充滿青春朝氣和青春熱情的時代，一個有志的充滿熱忱的青年，一定會比歷史上那些英年早逝的傑出天才機會更多。青年人的熱忱就是金光燦燦的皇冠，在他們面前俯首稱臣的只能是那些平庸之輩。

從青年到老年，人們都應時刻滿懷熱忱。格萊斯頓（Gladstone）在八十歲高齡時做事熱情仍然不減當年。他的地位和影響，無疑要強過抱有同樣理想的年輕人十倍或百倍。老年人的熱忱能夠為他們贏得光榮，人們向老年人致敬，並非因為他們滿頭銀髮，而是因為他們有一顆依舊熱忱的心靈。荷馬（Home）在晚年時雙目失明，在黑暗的痛苦中，他依舊嘔心瀝血，寫就了傳世之作《奧德賽》。

威靈頓將軍（Duke of Wellington）在年過八旬時，還親赴戰爭的前沿作戰。哲學家蒙田晚年依舊才思敏捷，雖然鬢染白霜、身患重病，但對生活卻依然充滿了熱愛之情。九十五歲的威尼斯總督丹多洛（Enrico Dandolo）率部凱旋，翌年被推舉為國王，但他婉言謝絕了。

英國作家笛福（Daniel Defoe）的《魯賓遜漂流記》在他五十八歲時才問世；約翰遜博士（Samuel Johnson）在他七十五歲時才完成了他一生中最優秀的作品《詩人列傳》；牛頓在八十三歲時還沒有退休；柏拉圖在八十一歲時，依然堅持在床上寫作；伽利略在他快七十歲時，才將他對運動定律的研究結果變成文字資料；詹姆士·瓦特（James Watt）八十五歲才開始學習德文；《分子和微觀科學》這部著作是薩默維爾夫人（Mary Fairfax Somerville）在八十九歲時完成的；在去世的前一個月，九十歲的洪保德完成了《宇宙論》；格蘭特（Grant）四十歲時，還事業平平，四十二歲時卻成了一代名將；俾斯麥（Bismarck）是普魯士的鐵血宰相，八十歲高齡時還掌握著大權；伊萊·惠特尼（Eli Whitney）入耶魯大學學習時已經二十三歲了，後來由他發明的軋棉機使美國南方有了廣闊的工業前景；英國政壇的實權人物巴麥尊勛爵（Palmerston）七十五歲時第二次出任首

相，八十一歲卒於任上；郎費羅（Henry Wadsworth Longfellow）、惠蒂埃（Whittier）、丁尼生的優秀傑作多寫於七十歲以後；七十七歲的伽利略雖然眼睛失明，一身病痛，但他仍然堅持工作，將鐘擺原理應用於時鐘上。

諾亞·韋伯斯特（Noah Webster）是詞典編纂家，他在年過六旬時還學會了十七門語言；翻譯維吉爾（Publius Vergilius Maro）的《埃涅伊特》時，英國詩人德萊頓（John Dryden）已經是七十歲的老人了。

西塞羅（Marcus Tullius Cicero）說：「做人如同釀酒，存放時間越長，好酒愈香，壞酒愈劣。一個人一旦擁有了熱忱，即使鬢染銀霜，也依舊年輕。正如滋養北歐土地的大西洋暖流，其源頭卻是墨西哥灣。」

如果一個人擁有熱忱，那麼他一定會創造奇蹟。相反，如果他沒有熱忱，那麼即使他年富力強，也做不好自己的工作。

激勵自己奮鬥進取

一個人如果具有奮鬥精神，並且能夠將他的想法或計劃付諸於行動，那麼他將順利取得成功。一個人如果缺乏這種難能可貴的奮鬥精神，就如同一顆子彈缺少前進的動力，射不出槍膛一樣。

許多人的一生都平凡而平庸，不是因為他們缺少才幹、缺少知識，而是因為他們缺少衝力和幹勁，缺少那種不畏艱難，克服阻力，奔向成功目標的動力。不管一個人有多麼超群的才華、多麼過人的才幹，也不管他多麼聰慧、謙遜、友好、和善，如果他缺少奮鬥向上的精神，那麼他注定會平庸一生，不會取得驚人的成就。

眾所周知，在人的一生中，精力是最重要的財富。「賜給我們一個有奮鬥精神的人、一個意志堅強的人、一個成就偉業的人、一個朝氣蓬勃的人、一個奮發向上的人吧！」這個聲音在我們的現實社會中隨時都可以聽到，表達了人們對精力充沛的人的需求。

智商再高，計劃再周全、再完美，才華再出眾，如果不能付諸於行動，那麼這些才華也會被浪費，沒有絲毫用處。一個人如果有堅定的決心和自信，但缺乏付諸於行動的勇氣，那麼決心和自信也不會對行動有所幫助。奮鬥的精神可以清除前進路上的困難和

阻礙，人們不會阻擋勤奮向上、精力充沛、信心十足的青年。即使你沒有超群的才華和能力，但是你有奮鬥的精神，你也會獲得成功。而那些博學多才、才華橫溢、有卓越才能的人因為缺乏奮鬥的精神，所以他們注定會走向失敗的深淵。一根脆弱的蠟燭，如果它的速度迅疾，也會毫不費力的穿透一英吋厚的木板。

不管是精神低靡的人，還是精力旺盛的人，都會遇到很多困難。但精力旺盛的人會運用他的靈活機智解決問題，戰勝困難，不向困難屈服，這種精神十分令人欽佩。而那些精神低靡的人則不然，他們一遇到困難就選擇退縮，安於失敗。如果犯了錯，精神低靡的人不會及時改正；在事業陷入困境時，他們也不會積極運用智慧和才幹及時擺脫。而精力旺盛的人在遇到困難時，會及時改正錯誤，克服前進中的每一個障礙，什麼也不能阻擋他們前進的腳步。

大千世界，芸芸眾生，因缺乏奮鬥精神和衝勁而失敗的例子比比皆是，這些失敗者缺乏克服困難的勇氣和自信，缺乏追求成功目標的決心，缺乏鋼鐵般的意志和成功的力量，所以他們對成功望而卻步，只能選擇失敗的命運。

智力和體力是上天賜予我們的財富，讓我們去磨鍊意志，追求成功和幸福。但是在今天的文明社會裡，不光是金錢浪費嚴重，精力、智力、生命和機遇的浪費更為嚴重，所以我在這裡不得不提到「經濟」一詞，有人馬上會想到金錢的節約，但是「經濟」還有另外一層更重要的含義，那就是節約精力、智力和體力方面的能量。精力和智力的無謂耗損給我們的生活帶來了諸多不便，所以我們在節約金錢的同時，還應注重節約精力、智力和體力方面的能量。

家境富庶的青年人大多放蕩不羈，他們夜不歸宿，揮霍無度，一夜的放蕩生活就可花去父親辛苦賺來的一千美元，這當然是一件可恥的事，但他們不知道，他們無謂的浪費了自己的精力和體力，虛度了光明，虛度了年華，這比浪費金錢更可恥，他們本可以利用這些時間和精力去學習，去思考，去做更有意義的事，但他們卻將這寶貴的時間和精力浪費在了無度的奢侈生活上，這難道不可惜嗎？金錢損失固然可惜，但可以失而復得，放縱虛耗的生命卻不能失而復得，甚至會影響他的一生，這比失去金錢更糟糕。

許多人雖然整日忙於事業，但無形中卻也浪費了很多時間和機會，這的確讓人覺得可惜，因為他們總是在做一些無聊的瑣事，在有時間讀好書時，他們卻讀格調低下的雜誌；有機會與高尚的人為友時，卻與酒肉朋友為伴。他們做事半途而廢，散漫馬虎，草率行事，最終事倍功半，他們不得不一次一次重來，時間和精力就這樣無形中被浪費了，他們完全可以利用這些時間和精力去做一些更有意義的事，可是他們卻沒有做。

還有些人整日沉溺於沮喪的、令人墮落的念頭中不能自拔，他們焦慮不安、憂心忡忡、心情憂鬱，似乎總有不詳的預感，他們總是害怕失敗、害怕患病、害怕死亡、害怕別人的批評和指責、害怕別人的議論、害怕別人對自己不友好，這些擔心和害怕不但有害於身體健康而且還會耗費我們的精力，使我們不能把時間和精力全部用在建設性和創造性的工作上。

有些人總是輕言放棄，他們認為自己運氣不佳，注定失敗，殊不知，這正是在浪費自己的寶貴生命。如果你想有成功的希望，那麼你就要忘記過去的失敗和錯誤，把那些擔憂、厭惡、難堪的事，以及破壞生命和諧的事都拋在腦後，因為這些事會使你的精力無謂的消耗殆盡。在我們工作之前一定要盡量消除自己內心的磨擦，讓身體的機能和諧運轉，防止精力無謂的浪費。人際關係中的不和諧、內心的矛盾與衝突都是幸福和成功的敵人，它們在無形中消磨了生命的光彩，卻沒有增加生命的價值，所以這種浪費是無謂的、沒有真正意義的，也是我們應盡力避免的。

情緒能夠改變命運

一切情緒對我們都很重要，都有價值，千萬不要浪費上天所賜給你的這些寶貴資源。

要想有效的利用情緒，首先就必須認知「一切情緒都得朝向正面來運用，然後從其中好好學習。妥當運用，使之能讓你得到更美好的人生。」要記得這句話：「你所認為的負面情緒，本質上就是要你拿出正向的行動。」為了讓你改變對負面情緒的認知，我們希望各位能將其改稱為「行動訊號」，當你逐漸熟悉了各個訊號及其所帶來的訊息，那麼你就不再會視先前所認為的負面情緒為敵人，而會視為是盟友、是朋友、是老師、是教練，他們將會指引你走出人生的低谷，攀上高原。當你學會如何運用這些訊號，那就不再會無由的恐懼，進而敢於嘗試各式各樣的挑戰，使人生過得更加豐富。要想臻於這等地步，你就一定得改變對情緒的慣有想法，不要任由它帶著你起舞，而要用理性的思考，讓自己拿出行動，朝向更高品格的人生邁進。

如果你一味只想逃避負面的情緒，那麼就會錯失它所帶給你的無價機會，人生變得很難掌握，最後就陷於極大的危機之中。一切情緒對我們都很重要、都有價值，千萬不

要暴殄上天所賜給你的這些寶貴資源。

那麼，情緒到底是來自何處呢？一切情緒都來自於你自己，你是一切情緒的創造者。很多人都這麼以為，一切希望得到的情緒都必須等候，譬如說，有些人除非真正得到了所企求的東西，否則就不覺得感受到愛、快樂或信心。

如果你確信自己是情緒的發動者，那麼為什麼不始終讓自己覺得高興呢？所謂負面情緒之所以會出現，若不是我們的認知出了問題，那就是我們的行為未達預期的效果，這個行為包括了訊息的告知及採取的行動。

既然我們所做的無法得到所期望的結果，那麼就必須改變做法。別忘了，我們的認知受控於我們的注意力，也受控於我們對其的詮釋。如果我們能夠改變自己的形象，或者提問自己更佳的問題，那麼就可立時改變我們的詮釋角度。

此外，訊息的告知未能有效，很可能是你的溝通技巧不成熟，也可能是你對別人滿足你需求的期望過高，由於未能如意，結果造成你一些負面情緒，如沮喪、不悅或傷了自尊心。若以正向的心態去看負面情緒，其實它乃是一種行動訊號，例如自尊心受傷，乃是告訴你必須改變溝通技巧，那麼日後自尊心便不會再受傷；又如沮喪，乃是告訴你得改變原先的做法，別以為一切無望或無法掌握。

情緒能夠改變命運

每一個問題之中都藏著解決的辦法，只要你真正拿出行動，用正向的心態去面對，事情就終有解決的時候。當你的困擾消失後，內心便會油然升起一份自信，日後你再遇到類似的問題時，這份自信便能伴著你安然渡過。一切行動訊號所帶來的真正訊息是，它們不僅僅幫助你拿出行動，同時改變你先前的想法、認知、溝通技巧及行為，讓你不再像是一隻受困於屋內的蒼蠅，沒命的往玻璃窗上撞。如果你不改變先前的做法，那麼可以告訴你，一味的堅持絕不會讓你如願。雖然痛苦的經驗不好受，但其中所傳出的行動訊號就是誠心告訴你，你得改變現在的做法。

痛苦和快樂對於我們人生的塑造處於關鍵地位，我們可以利用這股力量來改變我們的行動和命運。

為什麼人們對於現狀明明不滿意，可是卻不願意努力去改變呢？那是因為他們知道任何改變都會把他們帶向另一個未知，而大部分人對於未知多抱著一種恐懼的心理，唯恐它會帶來預料不到的痛苦。俗話說：「認識的魔鬼總是比不認識的魔鬼要好一些。」或另外一句俗話說：「一鳥在手，勝過二鳥在林。」這都足以證明人們喜歡做自己熟悉的事，也無怪乎大家都不願拿出行動，去改變自己的命運。

如果你想有良好的人際關係，那麼就得去克服被人拒絕或傷害的恐懼；如果你想建

立起屬於自己的事業，那麼就得敢冒失敗的風險。事實上我們可以說，人生中大部分值得去做的事都得違反自己傳統的想法，雖然這會使你因為不熟悉而感到恐懼，但我們若想有成功的人生，那就得化恐懼為能力。我們經常為恐懼所控制，以致所作的美夢難有實現。就以搭乘飛機來說，有些人就不敢，因為他們總是怕有一天它會掉下來，然而這種顧慮實在是沒道理。也許他們的恐懼是來自於過去曾有過這樣的經驗，自己對未來的遐想或看見報紙剛好有這樣的新聞而受到影響，以致於不敢乘飛機，他們願意被恐懼所控制。我們應當知道，我們不是活在過去的經驗裡，也不是活在未來的想像中，而是活在現在的事實裡，任何事都不會使我們痛苦，而真讓我們痛苦的是「以為會痛苦」的念頭。

現在讓我們就來改變吧！

首先，你要用筆寫下四個已經拖延很久但得馬上拿出來的行動，也許是減肥、戒菸、跟已經絕交的好友談和或重新聯絡一位老朋友。

其次，你要在這四個行動之下各寫下這些問題：為什麼我先前沒有行動？是不是當時有什麼困難？回答這些問題有助於你認識躊躇不前的原因，乃是跟過去的痛苦有關，因而寧可拖延。如果你認為這跟痛苦無關的話，那麼不妨再多想一想，或許是這個痛苦在你眼裡應該微不足道，以致於並不認為那是痛苦了。

第三，寫下你拖延那四個行動而覺得快樂的理由。例如你認為應該減肥，那麼又為什麼吃下三個漢堡、一大包薯條和半瓶可樂呢？是不是你覺得無法做到為了減肥而得忍受少吃的痛苦，而吃這麼多高熱量及高脂肪的食物的確能使你快樂，以致你遲遲不拿出行動？你若是希望能有長期效果的改變，那麼就得找出能使你快樂而不會有反效果的新方法，這樣才能使你明白什麼才是你追求的目標。

第四，寫下如果你不馬上改變所會造成的後果。如果你不停止再吃那麼多的糖份和脂肪那麼會怎麼樣？如果你不停止抽菸，後果會如何？如果你不打通認為應該打的電話會怎樣？如果你不每天運動的話，對健康會有什麼影響？二年、三年、四年及五年後會生出什麼樣的毛病？如果你不改變的話，在人際關係上得付出什麼樣的代價？在自我形象上會付出什麼代價？在錢財上會付出多少代價？對這些問題你要怎麼回答呢？可別只是說：「我得破點財。」或：「我會變胖。」這種回答是不夠的，你得找出能使你感到痛苦的答案，那麼這時痛苦便會成為你的朋友，幫助你推向另一層次的人生。

最後，你要寫下那四個行動後的所有快樂。你要寫得越多越好，這樣才會鼓起你的勁，想掌握自己的人生，這時你可能會很興奮的說道：「我將能掌握自己的人生了，我

將對自己更有自信了，我將會更健康，我的人際關係將更好，我在各方面將會做得更好，我的人生從現在開始將會比以前更好，並且一直延續到二年、三年、五年乃至十年之後，只要我真採取行動，就必然能實現所作的夢。」這張表你要盡量的把一切有關目前及未來的正面效果都寫上去。

人生短暫，不容磋舵，你在人生中真正能抓住的時間就是現在，就是今天，把這個練習仔細的做一做，必能讓你了解痛苦和快樂對你人生所能造成的影響。

找到快樂的途徑

很大程度上，我們心靈平靜的程度取決於我們能否生活在現在時。無論昨天或去年發生了什麼，明天也許發生或不發生什麼，你身處的都是現在時——永遠如此！

毫無疑問，我們許多人都已精於將大部分生活花費在為各種各樣的事焦慮的「神經焦慮」藝術上。

我們讓過去的問題和未來的憂慮來控制我們的現在時刻，如此導致了焦慮，受挫，沮喪和不抱希望而告終。另一方面，我們擱置了我們的滿足感，我們固有的優勢以及我們的幸福快樂，經常說服自己「有朝一日」會比今天更好。不幸的是，這種告訴我們去指望將來的同一心理運動只會使我們重複過去，以致於「有朝一日」永遠不會真的到來。約翰．列農曾說：「生活是在我們忙於制定其他計劃時所發生的一切。」當我們忙於制定「其他計劃」時，我們的孩子們在忙著成長，我們所愛的人在離去或死亡，我們的身體在走形，我們的夢想在逝去。簡言之，我們錯過了生活。

許多人將生活過得如同是為了以後某一日的彩排。實際上，沒人能夠保證他或她明天仍在這裡。現在是我們所擁有的唯一時間，也是我們能夠加以控制住的唯一時間。當我們的注意力處於現在時，我們就會將恐懼從我們的頭腦中排除出去。恐懼就是我們對於未來可能發生事件的憂慮——我們將沒有足夠的錢，我們的孩子將會陷入麻煩，我們將會衰老並死亡，如此等等。

為了戰勝恐懼，最好的策略便是學會將你的注意力拉回到現在時。馬克．吐溫說：「在我的生活中，我經歷了一些可怕的事，只有一些事真的發生了。」這表達得很明確：無須為將來而煩惱。實踐一下將你的注意力保持在此地此時，你的努力將產生巨大的益處。

如果天上的星辰一生只出現一次，那麼每個人一定都會出去仰望，而且看過的人一定都會大談這次經驗的莊嚴和壯觀。傳媒一定提前就大做宣傳，而事後許久還大讚其

美。星辰果真只出現一次，我們一定會早做準備，絕不願錯過星辰之美。不幸的是它們每晚都閃亮，所以我們好幾個月都不去抬頭望一眼天空。

正如羅丹所說的：「生活中不是缺少美，而是缺少發現。」不會欣賞每日的生活是我們最大的悲哀。其實我們不必費心的四處尋找，美本來是隨處可見的。

可惜的是，生活中的此時此地總是被忽略，我們無意中預支了「此刻的生活」。想一想吧，早上還沒起床時，你就開始擔心起床後的寒冷而錯失了被子裡最後幾分鐘的溫暖；吃早餐的時候你又在想著開車上班的路上可能會塞車；上班的時候就開始設計下班後怎麼打發時間；參加舞會又在煩惱著回家路。上得花多少時間了。

我們總是生活在下一刻裡。我們急著等週末來臨、暑假來臨、孩子長大、年老退休。等我們老時，我們真的也可以說是：「我真是等不及要去死了！」

我們一刻也不停的轉著。我們對塞車的公路亂罵髒話；我們在超市中像沒頭的蒼蠅，毫無耐性；我們對著電視不停的調換頻道；我們一個勁兒的催促孩子快點。難道這是宇宙的報復嗎？我們毀了宇宙，宇宙就用時間來控制我們。

梭羅說：「我們可以殺死時間而毫無後遺症。」我們確實在「殺」時間。這曾經是無所事事的說法，但現在我們是真的在摧毀我們的時間。我們的時間花在殺死靈性、殺死享受愉悅的能力上。我們過於自我中心，以為創立了人類有史以來一個最佳的文明，但我們根本沒有時間享受。

現代人之所以不能擁有此刻的、美好的生活，是因為我們總是擔心時間不夠，就像我們總是覺得錢不夠一樣。學習享受已經擁有的時間、金錢與愛是我們最重要的一課。

可悲的是，我們許多人總是在推遲我們的快樂──無限期的推遲。我們並非有意如此，而是我們總在說服自己：「有朝一日我會快樂的。」我們告訴自己，當我們付清帳單，當我們完成學業，得到我們的第一份工作、一次提升時，我們將會快樂。我們勸告自己，當我們結婚之後，有了一個孩子之後，生活將會更美好。然後我們會苦於孩子不夠大──當他們長大了我們將會更滿足。之後，我們又苦於要去應付十幾歲的少年。當他們跨過這一階段我們當然會高興。我們對自己說，如果我們的配偶表現出色，當我們有輛更好的車，能夠去歡渡假期，當我們退休時，我們的生活將會完美。如此等等！

同時，生活在繼續。事實上，沒有比現在更適於快樂的時間了。如果不在現在，那是什麼時候呢？你的生活永遠充滿挑戰。最好讓你自己承認這一點並決定去快樂。

要充分享受你的時間，就一定要學會放慢腳步。當你停止疲於奔命時，你會發現生命中未被髮掘出來的美；當生活在欲求永無止境的狀態時，我們永遠都無法體會到更高

一層的生活。

享受生活的一個重要條件就是，你必須注意自己的所作所為，然後放慢腳步。匆忙總是讓我們出錯。你總是丟掉東西或者弄亂東西，結果不得不花時間整理。就像你開快車被警察攔住，浪費了本來想節省的時間。

因為我們總是在趕時間，沒時間與朋友談話，結果我們就變得越來越孤獨；因為忙碌，我們沒有時間反省，也沒時間注意身邊的事物。我們忙得沒有時間注意所有徵兆，連身體有病的早期徵兆都覺不出來；當我們急著買東西時，沒有時間傾聽那個小小的聲音：「我們真的需要這個新東西嗎？」

享受生活是幫助我們充實人生，幫助人生充滿活力的方法。但大多數人的大多數時候都不知道自己在幹什麼。我不否認適當的「白日夢」對人的心理健康有益。我們的問題在於，過多的沉溺於白日夢而忘記真實的生活。

我們必須擺脫對「下一刻」的迷思和幻想；它們有的不切實際，有的雖然是事實卻剝奪了我們此刻的生活。

擺脫不切實際的幻想可以讓你明白：生活不會適應你，而是你必須去適應生活。而且不是看你喜歡它變成什麼樣，而是原本它是什麼樣子你都得適應。與現實保持接觸可以幫助你就世界所能給予的去接納它，不會使你為它所無法給予的而扭曲它、錯怪它。丟棄對這個塵世的幻想和對你自己的幻想可以去除生活的悲慘成分，使你能真實的面對你該處理的問題。

「生活在此刻」就是享受你正在做的、而不是即將做的事情，就如梭羅說的「吸盡精髓」。不要一邊吃飯一邊想著要干的工作，或者一邊吃一邊看電視。在吃東西的時候你最好是專注於所吃的東西，它的色澤、香氣、味道和營養。也許你需要一套飲食哲學——你需要知道自己是為歡樂而吃、為健康而吃、還是為歡宴而吃，進而決定是吃肉、吃素或者其他。否則，你就對食物完全沒有感覺，更別提獲得什麼營養。

從白日夢裡走出來，學會欣賞和熱愛已經擁有的此刻的生活，本身就是一種成長。

從日常的工作中找到樂趣

有一個人坐在他的辦公桌旁，他是一家大公司的業務主任。

他的辦公桌上滿是批註、案牘、契約等文件，他的電話機上那兩個號誌一明一滅的閃爍著，顯示有人等著要和他通話。他正在跟兩個人商談，他們坐在那裡抽著菸，恭候

著他。他看了看他的約會登記簿，記下他要參加的另一個重要會議，與該公司的董事長午餐，同時還得花上幾個鐘頭的時間進行一個預定的計劃，此外，他還得口授幾封信，並且……

這樣大的工作壓力，要是落在你我身上，也許會把我們壓得喘不過氣來。「實在叫人吃不消！」我們也許會這麼說。

但這個人卻不如此，他感到——愉快。

他不容許任何混亂的想像破壞他的工作效率。相反的，他只在心中預期這一天所獲得的成就。

他熱誠的轉向他的來賓，凝神的聆聽他們的陳述，盡其所能的回應他們的需求。他拿起電話，不厭其煩的立即作答，然後又回頭望向他的來賓。他告訴他們，他對所談的事將採取怎樣的行動，他對通話機口授一封信，然後回過頭來問他的來賓對他的決定是否滿意。他們滿意了，於是他把他們帶到門口，和他們熱烈握手道別。一切如意、愉快的以一種簡捷有效的方式向目標前進。

這個人以一種正向的辦法，使他的想像化為行動。他享受了所感到快樂和成功的權利。

從日常的工作中找到樂趣

然而，許多人——包括很多業務管理人員在內——卻用他們的想像去阻礙他們的享樂，這是可能會造成不幸的。

許多成年人，讓不快的思緒充塞他們的心田，把快樂的生活擠得粉碎。他們為很少或不會發生的災禍而發愁。他們不容許自己享受工作上的樂趣和滿足之感，顯而易見的，也不能像那位業務執行人一樣，以成功的辦法行使他們的職責。

他們既不欣賞他們的工作，也不欣賞他們的「遊戲」。

如果一個人能夠做自然而來的而非被迫的工作，他就更容易獲得成功。

無論工作多麼艱難，都必須明白，成功的路只有一條，那就是努力工作。道理雖淺顯易懂，但很多人卻不能見於行動之中。

如果一個人不能努力去做好工作，而急於獲得工作成績，那一定是一個荒廢事業的人，也就無從談起成功二字了。

任何一位成功者，都是對工作勤勤懇懇，任勞任怨的。

有些人，尤其是年輕人學會了懶散、享受的習性。不付出代價、汗水，總以為成績會從天而降，機遇會自己找上門來。結果在期待的時間裡錯過了許多良機。

投身於工作的人，要付出各種各樣的努力，要花費大量的時間，可當付出努力得到

回報時，你盡可能從中理解努力工作的快樂意義。

「今日事今日完」，有些人乾工作拖拉，不能按時完成任務。其實，科學的時間安排，合理的工作程式會有助於工作的完成。

一天工作結束，回想一下：今天哪項工作尚未完成，什麼時間才能繼續完成；今天的忙碌是否有所收穫；時間是否得到充分利用……這樣，任何一項工作都有秩序的得到完成，而不至於手忙腳亂，毫無工作成績。

一週、一月、一年都要認真的做好工作總結，而且要有短期、長期的工作計劃。成功很少是撞大運的，而是在每天日常的工作中，機會慢慢降臨在我們身上。

有些人在做著不適於他們的工作，由於他們不喜歡所做的工作，而使工作變成一種苦役。一個把大部分精力注人工作的人所感到的喜悅，他們全都不能感到。

假如你不幸陷入了這種苦境，你就必須設法補救。因為，如果你對自己工作感到枯燥無味，你便很難享受到正向人生的樂趣。

什麼事都盡量往好處想，絕不能鑽牛角尖。我可以製造情緒，或者引導情緒，但不能被情緒牽著走。有句話說，你如果不能改變事實，就不如改變想法。

人一定要選擇自己喜歡做的事，即使賺錢也不例外，而且要「只問耕耘，不問收穫」。每天樂此不疲，這樣至少就已經成功了一半。

即使是事業成功人士，也常常聽到他們嘆息自己成功背後的苦惱，就是自己不得不應付繁忙的公務，或不得不周旋於社交場合，或為了應酬不得不放棄與家人團聚的美好時光，或礙於情面，不得不做有違心願的事。有時候，我們經常搖擺於情感與理性之間，有時情感戰勝理智，有時理智支配情感。當我們情緒走向極端的時候，理智往往無法控制它；當我們情緒比較平和的時候，理智卻很輕易的駕馭它。無論如何，我們都要記住一點：雖然情緒不能立刻控制理智，但卻能支配行動。因此，要調節行為，就必須從控制情緒開始。

過去做事情覺得非常愉快的人並不多，每個人對工作的好惡不同，假使能把工作趣味化、藝術化。興趣化，就可以把工作輕鬆愉快的做好。菲力有句話說：「必須天天對工作產生新興趣。」他所指的就是工作要趣味化、興趣化。人生並不長，因此最好盡量選擇適合你興趣的工作。工作合乎你的興趣，你就不會覺得辛苦。

羅素（Russell）說：「我的人生正是：使事業成為喜悅，使喜悅成為事業。」愛你的工作，如果你悉心去作某樁事情，你絕不會一無所獲。不論你收穫的是不是值許多錢，但你會過得很快樂，而這份快樂是沒有人能夠奪去的。

樂觀的特質

樂觀的特質可謂是人類最為寶貴的東西，如果失去了樂觀，我們無法想像這個世界會變成什麼樣子。你怎麼看待這個世界，這個世界就怎麼回報你，如果你以樂觀的心態去看待一切，你就會體驗到越來越多的幸福；而如果你以悲觀的心態去對待你周圍的一切人和事，迎接你的只會是失望、失望、再失望。

人只要碰到不如意的事就容易意志消沉，最後變得消極頹廢，一遭到挫折就變得畏畏縮縮，忐忑不安，像這樣消極退縮的態度，會使得執行力、行動力明顯地減退。

一個被認為是成功者、勝利者的人就不會出現如此情況，儘管遭遇到再大的失敗、挫折，也不會輕易被擊垮，而是馬上就能重新爬起，再保持樂觀的態度繼續前進。

日本著名的王者之師豐臣秀吉有如下的傳說：

他少年時在一家油行做事，辛勤工作的態度博得主人的好感，因此對他特別的照顧。某日深夜油行突然遭到盜匪攻擊，油行被燒毀。店主也被殺害了。對於主人的不幸遭遇他當然感到悲憤，於是就獨坐在被燒毀的房門前默默地追悼，附近的人看到他的樣子也非常地同情，所以就邀他到別家工作，他卻揮手拒絕到：「這樣也許對我比較好，從此以後我就可從軍入伍做一名武士了。」說完就跑開了。幾天之後，他出現在織田信長的隊伍中，幾年之後，他成為織田軍中最著名、最驍勇善戰的武將，而再過了十幾年，他取代了織田的地位，最終統一了整個日本。

日本許多學者在研究秀吉的成功時，認為他所擁有的樂觀的品格無疑是他成功的法寶。

這裡還有另外一個例子：

本能寺之變發生後，秀吉立即發動有名的「中國大反撲」，兩天時間就占據了居住的姬路城。在稍事休息後，秀吉馬上商討對光秀的討伐作戰計劃，發出「明早出陣」的命令。

這時隨軍在營的祈禱僧對他說：「明天的出陣最好避免。」因為照卦上看，「城主一去不返」，那不代表著凶兆嗎？這時在一旁的將領們都默不作聲，心想秀吉心裡也一定有所打算。只見秀吉突然神情愉快地大聲說道：「所謂『一去不返』確實是對的。因為我根本就沒有打算重回此城。只要討伐光秀之後，我就準備另外再擇地築城作為根據地。所以此卦真正是上上大吉。」這麼樂觀開朗的想法是他變成一位超級大贏家的最大本錢。

一個人的信念既可以是正面的，也可以是負面的。正面的信念會使人樂觀向上、朝氣蓬勃；負面的信念則會使人退縮畏懼、喪失鬥志。從成功者的信念系統來看，他們始終充滿了鬥志，充滿了積極樂觀的精神，因此，信念始終成為引導和鼓勵他們朝著既定目標前進的指路明燈和推進器。

一個人如果擁有樂觀的品格，他就會發現甚至創造出機會，相反，一個人如果悲觀負面，機會永遠也不會降臨到他的頭上。千萬不要懷疑這一點，有一個非常經典的例子足以證明樂觀者和悲觀者在面對同一問題時採取了不同的心態，也便產生了不同的結局：

有兩位推銷員到阿拉伯國家去推銷拖鞋，第一個推銷員到了這個國家一看，所有的人都不穿鞋子，於是他這麼想，這裡的人們都不穿鞋，我根本推銷不出去，於是失望地回來了。第二個推銷員同樣到了這個國家，同樣看到了不穿鞋子的一群國民，然而，他是這麼想的：這個國家的人們都不穿鞋子，不就正好是自己大勢推銷的最好時機嗎？於是他馬上對這個國家進行了大範圍的宣傳攻勢，短短幾個月之後，這個國家幾乎所有的人都穿上了由他推銷出的鞋子。他因為業績出眾，在幾個月之後，被委任為這個國家的總代理。

第一個推銷員抱的就是消極態度，所以機會也不會被他發現，他的結果當然只有失敗；而第二個推銷員卻抱著積極樂觀的態度，所以他在常人認為不可能的情況下，還是發現了其中蘊藏的大機會，從而抓住了這個機會，改寫了自己的人生。

悲觀者和樂觀者之間就存在這麼大的差別。事實上，在面對前路的時候，我們抱著不同的心態，就會導致不同的結果，而任何一個結果印證的永遠是一句話：在這個社會中，只有樂觀者才能抓住機會、創造機會。

假設一個場景：你在原先的部門工作，有一天，上司突然找你談話，要把你調到其他部門工作。面對這樣一個問題，你抱持何種心態，就會有不同的行為，也便會有不同的結果。

如果這時候你想的是：上司為什麼不讓我繼續在原來的部門工作了，調我走是不是因為我有什麼問題，對新的部門我根本不了解，那裡肯定不是什麼好地方……一連串悲觀的念頭湧上心頭，你對於自己的前途也失去了信心，於是你可能會想方設法要留在原來的部門。即使你最終沒有如願，到了新的單位以後，你便會變得懶惰，不願工作，極易得罪別人……於是，你的前途也就會越來越不順。

相反，當你面對這種情況時，顯得豁達一點，再想一想自己換一個新的部門未嘗不是一件好事，或許到了新的部門以後，自己的發展空間會更大，說不定還是上司看重自己才會做出這樣的決定呢。於是，你信心百倍地上任新的工作，在那裡，你便會變得積

極而勤奮，於是，機會便也接踵而至。

所以，人有的時候是好運還是時運不佳，往往是自己造成的。千萬不要無病呻吟！沒錯！絕不能這麼沒事找事做。人的心態非常微妙，要是時常保持樂觀，就會無時無刻覺得無論做什麼事都很順當；反之，要是老以悲觀的心境看待所有的事，任你怎麼做總有礙手礙腳的感覺。心境果真有催人老的作用。

然而，心情總有起伏的時候，不可能永遠都維持在高潮期；而且，適度的低落心情有時也能調和樂觀過度的缺點。因此，重要的不是如何避免低潮的發生，而是該怎麼調適它作用的程度。

在規律的生活中、心情的起起落落也有一定的規則可循，請你稍微留意心情低落的時點，找出最低潮的那一點，好好的自憐一番。不過，要記住一個規則：一個星期只能有一次，而且，一次只能有十五分鐘。只要能掌握住這個原則，那麼，當你碰到稍不如意的事情，潛意識裡就會提醒自己：「這時千萬不能憂鬱，到時候再一起發洩就好了。」如此一來，你就再也不會三天兩頭唉聲嘆氣了。

當發洩時間一到，因為你只有這麼一次抒發的機會，不用怕，盡情享受它！

這時候，你就該把過去一星期以來，所有你能想到的悲慘情境都重溫一次，好好仰天長嘯一番。有時候因為事過境遷，內心的悲憤不再像事發當時那麼強烈，而難以盡興。結果，發洩是發洩了，心中的陰霾卻未完全清除，怎麼辦？沒關係，何妨來點憂愁的音樂呢？真正融人它的樂意裡，和它共鳴，痛快的哭它一場，為自己的處境好好的難過一次。

定期發洩是個絕佳的方法，但是，請你一定要擺個定時器提醒自己，因為當十五分鐘過去之後，你就該把這個感覺程序全部走完，不能深陷其中無法自拔。直到下個星期同一時間，你才能再來一次。

因為熱愛而堅持

我們現在經常提到一個詞：「敬業精神」，我們現在倡導無論從事什麼行業的人都能以強烈的敬業精神投人到工作中去。

但是我認為，如果你不熱愛你的工作，你又怎麼會投入精力和情感呢？

只有從事自己喜歡的工作，才會讓自己全身心投人迸去，以百折不撓的精神堅持著自己的道路。

當你對一項工作有著濃厚興趣的時候，你就會因為這種興趣的吸引而全身心地投入進去，那麼也正是這種投入與忍耐、恆心，造就了一個又一個的偉業。

因為有了恆心與忍耐力，才有了埃及平原上宏偉的金字塔，才有了耶路撒冷巍峨的廟堂；因為有了恆心與忍耐力，人們才登上了氣候惡劣、雲霧繚繞的阿爾卑斯山，在寬闊無邊的大西洋上開闢了通道；正是因為有了恆心與忍耐力，人類才夷平了新大陸的各種障礙，建立起了人類居住的共同體。恆心與忍耐力讓天才在大理石上刻下了精美的創作，在畫布上留下大自然恢弘的縮影。恆心與忍耐力創造了紡錘，發明了飛梭；恆心與忍耐力使汽車變成了人類胯下的戰馬，裝載著貨物翻山越嶺，彈指一揮間在天南地北往來穿梭；恆心與忍耐力讓白帆撒滿了海上，使海洋向無數民族開放，每一片水域都有了水手的身影，每一座荒島都有探險者的足跡。恆心與忍耐力還把對大自然的研究分成了許多科學，探索自然的法則，預言其景象的變化，大量沒有開墾的土地。

不要為一個你不喜歡的工作耗費半生的精力，把你的才智和堅持運用到你熱愛的工作中，滴水穿石，持之以恆，成功自然會屬於你。

熱情效應

熱情的效應是什麼？就在於激發自己尋找自己擅長的事情，在於激發自己的活力。

在巴黎的一家美術館裡，陳列著一座美麗的雕像，它的作者是一個身無分文的貧窮藝術家。每天，他都到一間小閣樓上工作。就在作品模型快要完工的時候，城裡的氣溫驟然下降，降到了零度以下。如果刼土模型縫隙中的水分凝固結冰的話，那麼，整個雕像的線條都會扭曲變形。於是，藝術家就把自己的睡衣脫了下來，蓋在了雕像身上。第二天清晨，人們發現藝術家已經離開了人世，但他的藝術構思卻保留下來，在別人的幫助下，最終有了成形的大理石作品。

美國政治家亨利．克萊（Henry Clay）曾經說：「遇到重要的事情，我不知道別人會有什麼反應，但我每次都會全身心的投人其中，根本不會去注意身外的世界。那一時刻，時間、環境、周圍的人，我都感覺不到他們的存在。」

一位著名的金融家也有句名言：「一個銀行要想贏得巨大的成功，唯一的可能就是，它雇了一個做夢都想把銀行經營好的人當總裁。」原來是枯燥無味、毫無樂趣的職業，一旦投入了熱情，立刻會呈現出新的意義。

狄更斯（Dickens）曾經說過，每次他構思小說情節時，幾乎都寢食不安，他的心完全被他的故事所縈繞、所占據，這種情形一直要到他把故事都寫在紙上才算結束。為了描寫一個場景，他曾經一個月閉門不出；最後再來到戶外時，他看起來形容憔悴，簡直像一個重病人一樣。

事實上，我們每一個人的身上或多或少都具成就大事的潛質，不僅反應敏捷，聰明伶俐的人是這樣，那些相對木訥、甚至看起來有些愚蠢的人，也有這樣的潛質。他們一旦產生了熱情，憑藉著這種熱情的力量，就可以創造出很大的成績。

一切偉大的藝術作品在創作過程中，都會使藝術家沉浸在一種特殊的狀態之中。藝術家們可能會寢食不安，直到最後的靈感全部實現出來為止。

一次，一位評論家向著名女歌唱家瑪麗．布萊姬（Mary Jane Blige）表達欽佩之情，對她能夠從低音D連升三個八度唱到高音D，大為折服。而歌唱家說：「嗯，那可是我費了很大的力氣才做到的。開始我為了練這個音花了一星期的時間，那個時候，不論我在做什麼，穿衣也好，梳頭也好，我都在試圖發這個音。最後，就在我穿鞋的時候，我終於找到了感覺。」

也許，愛迪生的一段話能夠說明一切：「人類歷史上每一個偉大而不同凡響的時刻，都可以說是熱忱造就的奇蹟。穆罕默德（Muhammad）就是一個例子，他帶領阿拉伯人，在短短的幾年內，從無到有，建立起了一個比羅馬帝國的疆域還要遼闊的帝國。雖然他們的戰士沒有什麼盔甲，卻有一種崇高的理念在背後支撐著，所以其戰鬥力絲毫不亞於正規的騎兵部隊；他們的婦女也和男子一樣在戰場上縱橫馳騁，殺得羅馬人潰不成軍。他們武器雖然落後，糧草嚴重不足，但軍紀嚴明，從來不去搶奪什麼酒肉，而是靠著小米大麥最後征服了亞洲、非洲和歐洲的西班牙。他們的首領用手杖敲一敲地，人們比看到一個人拿著刀槍還要害怕。」

熱情擁抱

愛默生（Ralph Waldo Emerson）說：「缺乏熱誠，難以成大事。」可熱情並非與生俱來，而是依靠後天的培養。

松下幸之助常常對處在各個部門上的負責人說：「在你的部門，有種類繁多的工作。那麼多的工作，即使你是部長，你也不可能是神仙，不可能什麼都會做。甚至有時候就某一項工作來說，你的部下更有才能；在別的什麼方面，他比你更了不起。所以，

你作為負責人、領導者，不是每個方面或在專業技術上都能指導的。然而，由於你處在領導的地位上，你還必須領導，必須管理。在這種情況下，什麼是重要的？那就是對你所在部門的經營要比誰都更有熱情，這一點不能亞於任何人。知識、才能不及別人是可以的，因為優秀的人才很多，不及人家是常有的事，但是，做好工作的熱情應該是最高的。這樣大家就會行動起來。如果不具備這點，做部長就不合格了。」

他還說：「作為位居他人之上的指導者，我認為其中最重要的一點就是熱情。當然，作為位居他人之上的人，如果一切都優於他人的話，不用說這是無可挑剔的。既有知識，又有本領，還有才能，且人格又好的人自然是最理想的，但是實際上這種一切都很出眾的人大概還不會有。即使在智慧、才華上遠遠優於他人，在經營商店、公司時沒有熱情，那麼在其手下的人們恐怕就很難產生『在這個人的領導下努力去做』的情緒。這樣一來，難得的智慧和才華也就完全等於零了。還是這樣，在其他方面哪怕什麼也不具備，但是對於經營的熱情必須要保持。如若這樣，即使自己什麼也沒有，部下也會有智慧的出智慧，有力量的出力量，有才華的出才華，各自都會給予合作。」

「只掌握一知半解的知識沒關係，而需要再三強調的是，自己是否有經營公司和工作的熱情。如果沒有這種熱情，人們就會各自離去，即使不離去，但他們為公司、為工作耐心地提供自己的聰明才智的情緒也會漸漸地淡薄下來。如果出現那種情況就糟了，所以，負責人、領導者必須經常地自問自答這些問題。如果是十個人的科長，在這十個人中自己是否最有熱情？如果是百人的部長，或者是一萬人的大公司的總經理，在這百人當中或者萬人當中，自己對經營方面的熱情是不是最高的？如果你自信是最高的話，那麼你表面上哪怕像玩一樣，也可以充分發揮大家的作用，而完全盡到責任。但是，如果對這個問題總是含含糊糊的話，那麼，你還必須去培養這種熱情。如果缺乏熱情，認真地說，這個人恐怕就不能不離開負責人的地位了。

培養熱情

那麼我們該如何培養自己的熱情呢？

制定一個明確目標。清楚地寫下你的目標、達到目標的計劃，以及為了達到目標你願意付出的代價。

用強烈的欲望作為達成目標的後盾，使欲望變得狂熱，讓它成為你腦子中最重要的一件事。立即執行你的計劃。正確而且堅定地照著計劃去做。如果你遭遇到失敗，應再仔細地研究一下計劃，必在時應加以修改，別光只因為失敗就變更計劃。與你求助的人

結成智囊團。斷絕使你去愉悅心情以及對你採取反對態度者的關係，務必使自己保持樂觀。切勿在過完一天之後才發現一無所獲。你應該將熱情培養成一種習慣，而習慣需要不斷的補給。無論目標多麼遙遠，你須抱著必將達到既定目標的態度推銷自己，自我暗示是培養熱情的力量。隨時保持正向心態，在充滿恐懼、嫉妒、貪婪、懷疑、報復、仇恨、無奈的世界裡不可能出現熱情，它需要正面的思想和行動。

刺激熱情

如果認為你的熱情應該發生作用，而它卻跟不上你在發揮其他原則方面的進度時，你可以透過一些簡單的練習來刺激你的熱情。

熱情的行動

以熱情的態度參加會議，自信的和他人握手，以明確的言詞回答問題，堅定的主張你的觀念和建議所具有的價值。理想的情況是以自己的熱情，使這些行為都變成自動自發的反應。如果你能有意識的執行這些行為的話，你將會看到正向的結果，而這又會再燃燒熱情的火花。

熱情的日記

當你的熱情高漲時，可將它記在記事簿裡，記錄激發熱情的環境，以及因為熱情而表現出來的舉動：你因為被激勵而展開行動嗎？你解決問題了嗎？你說服某人了嗎？同樣的，在記事簿中記人你的明確目標和達到目標的計劃，每當你的熱情高漲時就把它記下來。這不但會提醒你出現熱情的原因，同時也能使你回顧一下熱情所帶來的好處。熱情就像一個螺旋，它會向內轉或向外轉，也會上升或下降，使你的熱情循著正確的方向發展。當熱情的螺旋轉錯方向時，不妨回顧一下你的記事簿。

做一些「力所能及」的工作

在某種程度上，「力所能及」的工作就像是拐杖一樣，但如果你不出門，拐杖對你是不會有什麼幫助的。「力所能及」的工作，是指你知道你能做得既好又快的工作。你應該設法使它和你的明確目標發生關係，以使它能幫助你導引並且控制熱情。

假如你有一家五金行，雖然你的責任不是照顧銷售櫃臺，而是在後面的辦公室中處理業務。但如果你對銷售工作很感興趣，這個時候你不妨站在銷售的櫃臺邊賣一些東西，以重新振奮一下你的熱情。

有熱情才會有動力，有動力才能令你全身心地去做好每一件事，這是成功的基本要素之一。

樂觀主義

樂觀主義是什麼？它是心中的陽光，它是構築生命的力量，它是改造世界的態度。樂觀主義對於人的重要就如同太陽對於植物的重要一樣。只有在這種如同陽光的照射下我們的心理機能才能茁壯成長。

悲觀主義造成一種破壞性的作用，它能使人喪失好的心態，從而把人類帶到黑暗的深淵當中去。

那些總是只看到事物陰沉黑暗一面的人，那些總是預測自己可能不利和失敗的人，那些只看到生命中醜惡骯髒、令人不快的一面的人，將受到致命懲罰。他們會使自己一步一步地接近他們看到和他們期待與擔心的那些東西。

每樣東西都展現自己的特質，就像磁鐵一樣，它們只吸引和它們相類似的東西。

如果你想快樂，你就別想著苦惱；如果你想吸引財富，你就不應繼續想著貧窮。你不能使自己與你一直擔心的事情有任何的連繫。你所擔心的那些事情是你前進道路上致命的敵人。與它們隔絕開來，將它們驅逐出你心靈的王國，努力忘掉它們。盡可能堅定地想那些相反的思想，這樣，你將會驚異地發現你多麼迅速地就開始吸引你所期盼、渴望的那些東西！

一個人不同的工作態度及對自己的目標持有不同的心態，就會產生不同的效果。因為一個人的心態與他所取得的效果有著密不可分的關係。如果你是被鞭打著去完成工作，如果你將工作只是看作苦差使，如果你以奴隸一般的態度去從事你的工作；如果你不抱什麼希望地去工作，如果你在你的工作中看不到任何希望，覺得工作只不過是聊以餬口，勉強度日而已；如果你看不到未來的曙光，如果你只看到生活陰暗艱難的一面；如果看不到希望，認為人就應該這樣自欺欺人地生活下去，那麼，你就永遠不會過上幸福、快樂的生活。

反之，如果你能看到更美好的未來；如果你相信你總會從單調的工作中崛起；如果你的抱負確實遠大；如果你相信你完全有能力達到你的目標，並且努力去做了，那麼成功一定是屬於你的。

一定要保持這種信念，即我們有朝一日會做成現在看來不可能做成的事。我們必須堅定地持有這種心態，必須堅信將來能完成它，無論如何艱難，只要堅持我們的信念，

使我們的心靈保持創造力，使我們的心靈成為一個吸引我們所渴望的事情的磁場，那麼，我們的信念、理想就一定能夠實現。

一定要使自己保持一種積極向上、奮發有為的心態。任何時刻都不能懷疑自己最終將取得事業成功的能力。這些懷疑是極其可怕的，它們會毀滅你的創造力，使你失去抱負。你一定要不斷地對自己說：「我必定會擁有我所需要的，這是我的權利，我將來肯定會擁有我所需要的一切。」如果你的頭腦中始終堅持這種思想，那麼，你的這種思想將會產生一種累積的、漸增的、極富魅力的效果。

一定要堅定地樹立自己最終會取得成功的信念，這樣在不遠的將來你將會有意外的發現，你極其盼望並努力為之奮鬥的目標是完全能夠實現的。

用樂觀主義灌溉我們心靈中的花園，使那些花朵開放得更加炫麗奪目。

在絕境中抓住快樂

快樂是在雪山頂峰怒放的雪蓮花，就像人們經常說的：「只有經受過嚴寒侵襲的人才能感受到陽光的溫暖，也唯有受過挫折、磨難的人才知道生命的珍貴，才可以感受到真正的快樂。」

托爾斯泰在他的散文名篇《我的懺悔》中講了這樣一個故事：一個男人被一隻老虎追趕而掉下懸崖，慶幸的是在跌落過程中他抓住了一棵生長在懸崖邊的小灌木。此時，他發現，頭頂上，那隻老虎正虎視眈眈，低頭一看，懸崖底下還有一隻老虎，更糟的是，兩隻老鼠正忙著啃咬懸著他生命的小灌木的根鬚。絕望中，他突然發現附近生長著一簇野草莓，伸手可及。於是，這人拔下草莓，塞進嘴裡，自語道：「多甜啊！」

在生命過程中，當痛苦、不幸向你逼近時，你是否還能享受野草莓的滋味？苦中求樂才是快樂的真諦。

人生是一張單程車票，一去無返。在荷蘭首都阿姆斯特丹一座十五世紀的教堂廢墟上留著一行字：事情是這樣的，就不會那樣。藏在痛苦泥潭裡不能自拔，只會與快樂無緣。告別痛苦的手得由你自己來揮動，享受今天盛開的玫瑰的捷徑只有一條：堅決與過去分手。

艾科卡靠自己的奮鬥當上了福特公司的總經理。一九七八年七月十三日，有點得意忘形的艾科卡被妒火中燒的大老闆亨利．福特（Henry Ford）開除了。在福特工作已

三十二年，當了八年總經理，一帆風順的艾科卡突然間失業了。艾科卡痛不欲生，他開始喝酒，對自己失去了信心，認為自己要徹底崩潰了。

就在這時，艾科卡接受了一個新挑戰——應徵到瀕臨破產的克萊斯勒汽車公司出任總經理。憑著他的智慧、膽識和魅力，艾科卡大刀闊斧地對克萊斯勒進行了整頓、改革，並向政府求援，舌戰國會議員，取得了巨額貸款，重振企業雄風。在艾科卡的領導下，克萊斯勒公司在最黑暗的日子裡推出了K型車的計劃，此計劃的成功令克萊斯勒起死回生，成為僅次於通用汽車公司、福特汽車公司的第三大汽車公司。一九八三年七月十三日，艾科卡把生平僅有的面額高達八億一千三百萬美元的支票交到銀行代表手裡，至此，克萊斯勒還清了所有債務，而恰恰是五年前的這一天，亨利．福特開除了他。事後，艾科卡深有感觸的說：「奮力向前，哪怕時運不濟；永不絕望，哪怕天崩地裂。」

其實要自己快樂很簡單，只要多一份自信，在身處絕境時，懂得苦中求樂，才是人生的真諦。

國家圖書館出版品預行編目資料

有實力，還要展現性格魅力：習慣制約 × 悲觀主義 × 神經焦慮 × 消極態度，擺脫有害性格，樹立有利人格！ / 韓立儀，羅哈德主編 . -- 第一版 . -- 臺北市：崧燁文化事業有限公司，2023.03

面； 公分

POD 版

ISBN 978-626-357-130-3(平裝)

1.CST: 修身

192.1 112000441

有實力，還要展現性格魅力：習慣制約 × 悲觀主義 × 神經焦慮 × 消極態度，擺脫有害性格，樹立有利人格！

主　　編：韓立儀，羅哈德
發 行 人：黃振庭
出 版 者：崧燁文化事業有限公司
發 行 者：崧燁文化事業有限公司
E-mail：sonbookservice@gmail.com
粉 絲 頁：https://www.facebook.com/sonbookss/
網　　址：https://sonbook.net/
地　　址：台北市中正區重慶南路一段六十一號八樓 815 室
Rm. 815, 8F., No.61, Sec. 1, Chongqing S. Rd., Zhongzheng Dist., Taipei City 100, Taiwan
電　　話：(02) 2370-3310　　傳　　真：(02) 2388-1990
印　　刷：京峯彩色印刷有限公司（京峰數位）
律師顧問：廣華律師事務所 張珮琦律師

定　　價：320 元
發行日期：2023 年 03 月第一版
◎本書以 POD 印製